L&PM POCKET ENCYCLOPAEDIA

Jesus

Série **L&PM**POCKET**ENCYCLOPAEDIA**

Acupuntura – Madeleine J. Guillaume, Jean-Claude de Tymowski e Madeleine Fiévet-Izard
Alexandre, o Grande – Pierre Briant
Budismo – Claude B. Levenson
Cabala – Roland Goetschel
Capitalismo – Claude Jessua
Cleópatra – Christian-Georges Schwentzel
A crise de 1929 – Bernard Gazier
Cruzadas – Cécile Morrisson
Economia: 100 palavras-chave – Jean-Paul Betbèze
Egito Antigo – Sophie Desplancques
Escrita chinesa – Viviane Alleton
Existencialismo – Jacques Colette
Geração Beat – Claudio Willer
Guerra da Secessão – Farid Ameur
Império Romano – Patrick Le Roux
Impressionismo – Dominique Lobstein
Islã – Paul Balta
Jesus – Charles Perrot
Marxismo – Henri Lefebvre
Mitologia grega – Pierre Grimal
Nietzsche – Jean Granier
Paris: uma história – Yvan Combeau
Revolução Francesa – Frédéric Bluche, Stéphane Rials e Jean Tulard
Santos Dumont – Alcy Cheuiche
Sigmund Freud – Edson Sousa e Paulo Endo
Tragédias gregas – Pascal Thiercy
Vinho – Jean-François Gautier

Charles Perrot

Jesus

Tradução de DENISE BOTTMANN

www.lpm.com.br
L&PM POCKET

Coleção **L&PM** POCKET, vol. 863

Charles Perrot é professor honorário do Instituto Católico de Paris.

Texto de acordo com a nova ortografia.

Título original: *Jésus*

Primeira edição na Coleção **L&PM** POCKET: abril de 2010

Tradução: Denise Bottmann
Capa: Ivan Pinheiro Machado. *Foto*: cena de *Jesus Cristo Superstar* (1973), de Norman Jewison / Rue des Archives
Preparação de original: Jó Saldanha
Revisão: Patrícia Rocha

CIP-Brasil. Catalogação-na-Fonte
Sindicato Nacional dos Editores de Livros, RJ

P544J

Perrot, Charles, 1929-
    Jesus / Charles Perrot; tradução de Denise Bottmann. – Porto Alegre, RS: L&PM, 2010.
    128p. – (Coleção L&PM POCKET; v. 863)

    Tradução de: *Jésus*
    Apêndice
    Inclui bibliografia
    ISBN 978-85-254-2014-5

    1. Jesus Cristo - Historicidade. I. Título. II. Série.

10-1233.   CDD: 232.908
                              CDU: 27-312

© Presses Universitaires de France, *Jésus*

Todos os direitos desta edição reservados a L&PM Editores
Rua Comendador Coruja, 314, loja 9 – Floresta – 90220-180
Porto Alegre – RS – Brasil / Fone: 51.3225.5777 – Fax: 51.3221-5380

PEDIDOS & DEPTO. COMERCIAL: vendas@lpm.com.br
FALE CONOSCO: info@lpm.com.br
www.lpm.com.br

Impresso no Brasil
Outono de 2010

Sumário

Introdução 7

Siglas, títulos e abreviaturas 11

Capítulo I
As fontes, os locais e os métodos
da pesquisa exegética 13

Capítulo II
Os inícios 40

Capítulo III
Uma nova palavra 58

Capítulo IV
Gestos libertadores 69

Capítulo V
Em busca de sua identidade 83

Capítulo VI
A cruz 94

Capítulo VII
A manhã de Páscoa 118

Nota do autor 125

Referências 126

Introdução

É possível escrever uma obra de história sobre Jesus de Nazaré? E como? Até que ponto a pesquisa histórica permite assentar algumas bases sólidas? À primeira vista, poderíamos desistir, e por sérias razões. Apontemos desde já a relativa escassez de informações extraídas dos evangelhos e a própria natureza dessa documentação, marcada pela fé pascal dos cristãos. Assim, a investigação histórica parece se deter num impasse entre uma aceitação por vezes acrítica dos dados recebidos nos quatro evangelhos e uma recusa, igualmente injustificada, dos elementos válidos sobre o tema. Com isso, sem se preocupar com uma documentação séria, o romance histórico se delicia em espantar e até chocar seus leitores. Exemplo disso é *O código Da Vinci*. Nosso objetivo é lançar uma passagem por entre esses obstáculos. Em seu campo de especialidade, o historiador julga o valor do material de arquivo sem superestimar os dados, mas também sem os subestimar. Cabe acrescentar que, pelo menos nos últimos cinquenta anos, graças a inúmeras pesquisas literárias e a uma série de descobertas arqueológicas, o material sobre Jesus tem aumentado muito. Assim, é hora de reunir os resultados. A obra abordará os seguintes pontos:

I. Em primeiro lugar, uma rápida síntese das fontes, dos locais e dos métodos de pesquisa histórica. Como trabalhar neste campo tão específico da história em pleno mundo greco-romano do século I de nossa era?

II. A seguir situaremos Jesus em seu ambiente inicial, no interior de um judaísmo muito diversificado naquela época, em afinidade com o grupo de João, dito o Batista, e também com outros grupos religiosos.

III. A ligação entre Jesus e os escribas de filiação farisaica não deve ocultar a distância existente entre eles, principalmente sobre a questão da Lei de Moisés. Em que consistiu a novidade das palavras de Jesus?

IV. Abordaremos a ação libertadora de Jesus nos gestos de cura e, ainda mais estranho, numa ação de tipo exorcista. Não para provar o milagre, mas para mostrar a importância dessa linguagem do milagre e do exorcismo no século I. Além de pregar a aproximação do reinado de Deus, de certa forma Jesus já o inaugura numa ação para libertar da miséria, da doença e da morte.

V. Num contexto político e religioso muito turbulento, é possível diferenciar a identidade de Jesus entre outros cristos e profetas que proliferavam naquela época?

VI. O capítulo seguinte trata dos passos de Jesus subindo o Gólgota. Após o julgamento romano perante Pilatos, precedido por um breve confronto com alguns dirigentes judeus de linhagem sacerdotal, Jesus será crucificado às pressas, quando se iniciava a Páscoa judaica.

VII. Ao final desse percurso, o historiador não poderá ocultar o fato de que, desde o começo, as primeiras comunidades judaico-cristãs expressaram claramente sua fé naquele que, após a morte, continuou a arder em vida entre elas. Esta convicção dá origem ao discurso dessas comunidades sobre Jesus, discurso este também ressuscitado. Ela gera as narrativas evangélicas, isto é, a parte essencial dos materiais literários que permitiram destacar os pontos anteriores. Assim, o problema histórico não é saber se Jesus ressuscitou ou não – esta é uma asserção que deriva da fé –, e sim avaliar historicamente as implicações primárias de tal convicção. Como em todos os grandes momentos da história, o evento pascal se manifesta com uma admirável efervescência da palavra, uma palavra em plena ebulição que ainda abala nossa história.

Siglas, títulos e abreviaturas

Os títulos dos 27 livros do Novo Testamento (N.T.) serão citados com as siglas geralmente usadas nas traduções, tanto na tradução ecumênica da Bíblia quanto na da *Bíblia de Jerusalém*.*

Os títulos dos livros do Antigo Testamento (A.T.) serão citados na íntegra, e da mesma forma os títulos dos livros ditos apócrifos, ou seja, não aceitos no corpus dos textos canônicos.

---

* Aqui traduzimos as citações em francês, consultando em paralelo a tradução em português que mais se aproxima da utilizada por Charles Perrot, a saber, a *Bíblia Sagrada: Edição Pastoral*, trad. Ivo Storniolo e Euclides Martins Balancin. São Paulo: Paulus, 1990. (N.T.)

Capítulo I

As fontes, os locais e os métodos da pesquisa exegética

Como olhar Jesus de uma maneira que responda às exigências históricas de nossa época, e a partir de que fontes? A utopia dos atuais exegetas não é mais reconstruir uma vida de Jesus propriamente dita. É possível também reconstituir os traços de sua história.

I. As fontes e os atuais locais da pesquisa

Apresentemos os diversos domínios em que o levantamento documental tem avançado sensivelmente.

1. **Os manuscritos do Novo Testamento** – Todos os originais dos 27 textos que compõem o Novo Testamento desapareceram. Subsiste apenas um bom número de antigos papiros e pergaminhos, atualmente dispersos nas grandes bibliotecas internacionais: assim, existem catalogados 115 fragmentos em papiros, alguns deles remontando a uma data anterior ao ano 200 de nossa era. O mais antigo (o *Papiro 52*) pertence ao ano 130, aproximadamente, ou seja, apenas quarenta anos depois da redação do original. Ele consiste em algumas linhas do evangelho de João que, segundo a crítica literária, teria sido escrito nos anos 90. Entre os milhares de manuscritos gregos, mais de trezentos estão escritos em letras maiúsculas, ditas unciais. Os manuscritos que contêm a Bíblia na íntegra são do século IV, em particular o *Sinaïticus* exposto no British Museum e

o *Vaticanus*, no Museu do Vaticano. Além disso, subsistem várias versões antigas em latim, siríaco, copta e armênio. São, portanto, muitos milhares de testemunhos manuscritos, incluindo os antigos lecionários litúrgicos; e muitos outros ainda, quando se incluem os cotejos das citações bíblicas feitas pelos escritores dos primeiros séculos de nossa era. A situação manuscrita, portanto, é bem melhor do que a dos autores da Antiguidade como Platão, Tácito e outros. Sem dúvida, são bastante numerosas as variantes entre os manuscritos, que surgiram durante a cópia dos textos feita pelos antigos escribas cristãos, mas muitas vezes são de importância mínima – principalmente os erros de ortografia! Um atento trabalho de paleografia e de "crítica textual" permite aos especialistas remontar, muito amiúde, às duas ou três formas do texto neotestamental que circulavam no século II de nossa era em vários locais da bacia mediterrânea. A partir daí é possível designar com certeza o estado dos originais. As edições críticas do N.T. restituem esse texto acompanhado pelas principais variantes. Esta é a primeira etapa a percorrer, permitindo situar a figura de Jesus sobre uma sólida base manuscrita.

2. **As descobertas de Qumrân** – Desde 1947, as descobertas dos manuscritos do mar Morto, escondidos nas onze grutas do sítio arqueológico de Qumrân, alteraram profundamente nossos conhecimentos. Atualmente conhecem-se todas as fotos dos manuscritos escritos em couro e papiro, e estão à disposição dos pesquisadores – o que não era o caso uma década atrás. A conexão desses manuscritos com o sítio adjacente de Qumrân – como a gruta IV quase colada ao sítio – parece total ou

quase totalmente confirmada. Mas a qualificação essênia do sítio e de todos esses manuscritos escritos em hebreu e às vezes em aramaico, quando não em grego no caso dos mais tardios, continua a ser objeto de uma certa controvérsia, ainda mais porque o essenismo, na verdade, parece assumir diversas formas conforme as épocas e os lugares. Originalmente guardados em jarros, os manuscritos formam um conjunto bastante heterogêneo, contendo numerosos textos das Escrituras, extraídos do A.T. Não foi possível provar a existência de nenhum traço do N.T. Além disso, descobriram-se documentos próprios de uma comunidade de tipo quase monástico, a dos "seguidores da Nova Aliança", constituindo provavelmente um ramo dos grupos essênios. Essas descobertas são de grande importância em dois aspectos: elas apresentam os textos bíblicos tal como circulavam no século I, e sobre os quais Jesus e os seus se apoiavam constantemente, e, principalmente, elas renovam por completo nossa percepção dos diversos meios judeus anteriores à ruína do segundo Templo, no ano 70. Ora, é a partir desse conhecimento dos movimentos político-religiosos existentes em Israel naquela época que se torna possível destacar, por analogia ou por contraste, as palavras e os gestos de Jesus, que repercutem nos evangelhos.

Quanto ao primeiro ponto, teve-se um salto de mil anos para trás: os antigos manuscritos completos das Escrituras até então conhecidos datavam apenas do século VIII, no caso do texto dos profetas, e do século XI para a totalidade do A.T. Ora, os elementos mais antigos descobertos em Qumrân datam do século II antes de Cristo e se estendem até a destruição do sítio pelos romanos, no ano 68 de nossa era. Assim, é surpreendente a grande fidelidade dos escribas ao recopiar esses textos até a Idade Média. E mais: os manuscritos próprios da comunidade supracitada alteraram em larga medida uma imagem até então demasiadamente unificada do antigo judaísmo. Alguns chegam a falar em judaísmos, no plural. Aqui, nós nos contentaremos em distinguir a existência de diferentes grupos judeus antes da ruína do Templo no ano 70, e mesmo até a catástrofe mais radical ainda do ano 135. A partir daí, o judaísmo dito rabínico iria se impor e, em grande parte, se unificar. Vejamos um pouco melhor.

3. **Os diversos movimentos judeus** – Na época de Jesus, diversos movimentos religiosos, chamados "seitas" na linguagem da época, dividiam os espíritos. Apresentaremos alguns desses grupos a partir das indicações fornecidas pelo historiador judeu Flávio Josefo, o historiógrafo da casa imperial dos Flavianos, no final do primeiro século de nossa era. Mencionemos em primeiro lugar o grupo dos saduceus, abrangendo sobretudo notáveis, chamados "anciães", muitas vezes ligados ao mundo das altas classes sacerdotais e, portanto, aos grandes padres que dirigiam o Templo de Jerusalém. Esses meios eram muito conservadores, em todos os níveis. Por sua vez, os fariseus e os essênios constituíam a elite cultivada e religiosamente ativa da época, mas de maneira diferente. Os escribas, muitas vezes de observância farisaica, com seus discípulos ditos fariseus (a palavra significa "separados"), formavam pequenos grupos de puros que queriam viver perfeitamente de acordo com todas as regras da Lei Mosaica, inclusive as regras da pureza ritual originalmente reservadas aos padres do Templo. Mas nem por

isso se afastavam do "povo do país", e se empenhavam particularmente em elevar seu nível religioso na manhã do sabá nas sinagogas. Por outro lado, uma intensa sede religiosa também imbuía o ou os grupos ditos essênios (a palavra significa provavelmente "santos"), acompanhada de uma meticulosidade ainda maior no respeito às regras de pureza ritual. Aqui, a "Comunidade da nova Aliança" separava radicalmente os "filhos da luz" e os "filhos das trevas"; ela agrupava os justos e os puros de sua observância. Os essênios se isolavam e se fechavam entre eles, sem qualquer concessão ao clero de Jerusalém e a todo o resto de uma Israel que, a seus olhos, havia se tornado impura e maculada.

Além dessas três correntes religiosas mencionadas pelo historiador Josefo, ainda surgiriam outras, algumas inspiradas pelo desejo de expulsar os romanos da região (eram os *salteadores*, os *sicários* e, mais tarde, os *zelotas*). Outros grupos, como o dos profetas escatológicos à maneira de João Batista, anunciavam a aproximação do fim dos tempos. Outros ainda, perto de Alexandria, por exemplo, constituíam grupos de servidores de Deus, ditos "terapeutas", de perfil monástico (a palavra grega *monastèrion* aparece aqui pela primeira vez na literatura antiga). E tudo isso sem mencionar o povo simples, largamente dividido conforme sua situação na Judeia ou na Galileia, e *a fortiori* em Samaria, tida então como uma terra cismática. Assim, os documentos de Qumrân, comparados à antiga documentação judaica até então conhecida, permitiram situar melhor Jesus naquele mundo em ebulição. Não que eles mencionem seu nome, pois de modo geral são anteriores a Jesus, mas pelo próprio fato de permitirem uma reconstrução mais precisa dos meios judeus da época. Por analogia ou por contraste, as palavras e os gestos de Jesus, destacados nos evangelhos, assumem então um singular relevo.

A investigação histórica se deterá, portanto, nesta pergunta fundamental: onde situar Jesus nesse contexto cultural e religioso dividido? Jesus está mais próximo do meio fariseu, dos grupos essênios ou de outros ainda? Diversas convicções sobre o tema da providência divina, o amor ao próximo, o juízo final e a ressurreição dos mortos o aproximavam sobretudo dos escribas de afinidade farisaica – o que não impede a existência de fortes oposições entre eles, como ocorre com frequência entre os que nos são mais próximos. Por outro lado, Jesus ignora ou quase o mundo dos sacerdotes e dos notáveis saduceus que o empurrarão à morte. Jesus também não era essênio. Ele participa diretamente do mundo popular de sua época, próximo dos pobres e dos humildes, e mesmo dos "pecadores", no sentido social e religioso do termo, que na época designava a classe baixa da sociedade. A elite essênia, por sua vez, formava um grupo à parte, a ponto de amaldiçoar não só os pagãos impuros, mas também os sacerdotes de Jerusalém, os fariseus e todos os elementos do povo que não se juntassem a eles. João Batista também se diferencia dela. Ele pregava às margens do Jordão e era semelhante a outros ascetas da época. Ou ainda era como um daqueles profetas que chamavam as pessoas para o deserto ao longo do Jordão, aguardando os sinais e os prodígios do fim do mundo. Daremos exemplos. Em suma, parece pouco provável que Batista e seu discípulo Jesus tenham estabelecido laços com os essênios. Aliás, nunca há menção a eles nos evangelhos. Por um lado, suas respectivas mensagens são opostas entre si:

Jesus recusa em larga medida as práticas de uma pureza ritual levadas ao extremo. No entanto, parece visível a influência do essenismo na doutrina e nas práticas cristãs posteriores, em particular em Paulo e, ainda mais, no meio judaico-cristão reunido em torno da figura de João Evangelista. Antes disso, essa marca praticamente inexiste.

Então, onde situar Jesus? Seria um judeu, digamos, marginal? Mas esse adjetivo não cabe nas circunstâncias. Em Israel, naquela época, muitos disputavam a autoridade em matéria de culto e outras questões, sem que se pudesse, portanto, falar em ortodoxia religiosa. Somente após a metade do século II, na época dita rabínica, a situação será outra. Mas o historiador deve evitar projetar indevidamente convicções e práticas judaicas de épocas posteriores sobre a situação religiosa anterior à ruína do Templo. A palavra "marginal" certamente poderia ressaltar a surpreendente originalidade da figura de Jesus, situada mais na periferia das cidades, à distância das elites religiosas da época e sem posição de prestígio no seio da sociedade. Jesus parece em constante defasagem em relação aos homens mais respeitados de seu tempo, sem filiação diretamente política ou religiosa, chegando à extravagância de uma atividade continuamente itinerante – a ponto de acabar condenado como agitador. E no entanto o homem se mantém próximo do povo simples e dos pobres, no centro do mundo rural e galileu que o cerca.

4. **As descobertas de Nag Hammadi** – Confirmando o Novo Testamento, os escritos ditos gnósticos, descobertos no Egito em Nag Hammadi em 1945, também permitem penetrar melhor o mundo helenístico e

sua influência em certas comunidades cristãs tardias. Entre esses textos em língua copta provenientes do Egito, a maioria é de data avançada e reflete um meio gnóstico que se remete em parte a Jesus, ao mesmo tempo se erguendo contra a fé da Grande Igreja. Entende-se por "gnose" (no sentido de "conhecimento") a busca e a obtenção de uma libertação individual exclusivamente por meio da iluminação das verdades transmitidas por um redentor vindo do alto. Ele seria Jesus, sem a necessidade de apelar à incongruência de uma escandalosa salvação obtida sobre a cruz. Assim, a religião do Cristo se converte numa filosofia de origem transcendente, e sua morte praticamente cai no esquecimento. Citemos três obras que se inscrevem nessa linhagem: o *Evangelho de Judas* (do século III ou IV) quer reabilitar a figura deste último, que não seria mais um traidor, e sim, pelo contrário, o primeiro apóstolo que ajudou Jesus a "se desembaraçar de seu invólucro carnal". O *Evangelho segundo Filipe*, da mesma época, dedica-se, entre outras coisas, a dar relevo à figura das mulheres que cercavam Jesus, a saber, Maria, sua irmã e Maria de Magdala. Elas possuiriam a verdadeira gnose, e Jesus, para mostrar a superioridade do "conhecimento" de Madalena, não hesitaria em beijá-la na boca, aliás seguindo os costumes da época (sentenças 32 e 63). A imaginação desenfreada do autor molda à sua medida a figura de um Jesus certamente diferente daquele de que falam os evangelhos. O caso do *Evangelho de Tomé*, cuja primeira redação em grego pode datar do final do século II, merece mais atenção. Trata-se de uma reunião de 114 sentenças atribuídas a Jesus, em alguns casos mais ou menos paralelas às que se leem nos evangelhos sinópticos. Algumas dessas sentenças, portanto, mereceriam ser avaliadas, mas o conjunto, infelizmente, vem mesclado de estranhas considerações gnósticas. Citemos apenas o último pensamento desse escrito, que relativiza o aparente feminismo desse ambiente sectário: "Simão Pedro lhes disse: 'Que Maria nos deixe, pois as mulheres não são dignas da Vida'. E Jesus disse: 'Eu a atrairia para convertê-la em homem... Pois toda mulher que se fizer homem entrará no Reino dos Céus'" (sentença 114). Os evangelhos, em particular o feminismo de Lucas, soam de maneira totalmente diversa.

5. **Os escritos do judaísmo antigo** – O olhar do historiador se torna ainda mais penetrante com uma leitura renovada dos escritos do judaísmo antigo, classificados como apócrifos, isto é, não recebidos na Bíblia canônica. Esses escritos numerosos se entendem aproximadamente do século III antes de nossa era até o século II de nossa era. Eles levam a uma apreciação mais correta dos meios judeus do século I, em Israel e nos diversos lugares do mundo mediterrâneo, onde se disseminava um grande número deles. Se naquela época quinhentos ou seiscentos mil judeus moravam em Israel, quase o óctuplo disso vivia na diáspora. Aqui também, o conhecimento desses diversos meios culturais permite perceber melhor as semelhanças e as diferenças entre a figura de Jesus e os homens de seu tempo. A história procede por diferenciação.

Além desses livros ditos apócrifos, assinalemos sobretudo a importância dos escritos do filósofo judeu Fílon de Alexandria (do ano 20 a.C. ao ano 40 d.C.), e ainda mais os livros do historiador judeu Flávio Josefo, em sua *Guerra dos judeus contra os romanos* (que apareceu em grego entre 76 e 79) e em suas *Antiguidades judaicas* (por volta de 94). O conjunto fornece uma grande quantidade de materiais, que permitem uma reconstituição histórica do judaísmo antigo, desde que sejam examinados, evidentemente, de maneira crítica, como os demais documentos do mundo antigo. O mesmo vale para os escritos do judaísmo rabínico, como a *Mishná*, os antigos comentários rabínicos e os *Talmudes de Jerusalém* e *da Babilônia*, que mais de uma vez mencionam Jesus, mas geralmente em termos negativos. Aí também, esses dados trazidos pela tradição judaica posterior aos meados do século II de nossa era são de consulta preciosa, para mostrar a especificidade cristã aos próprios olhos daqueles judeus que, em sua maioria, não reconheceram Jesus.

6. **As escavações arqueológicas** – Evocaremos muito rapidamente as descobertas arqueológicas feitas há mais de um século em Israel. Assinalemos apenas: as escavações feitas em Jerusalém, descobrindo as antigas escadarias do Templo, depois a localização dos muros da cidade antiga com alguns fragmentos, a posição do Pretório onde Jesus foi condenado (atualmente chamado de Torre de Davi). A cidade da época de Jesus recupera forma, e o próprio traçado do caminho da Paixão, seguindo as ruas importantes, altera-se curiosamente, pelo menos em comparação ao caminho tradicionalmente percorrido pelos peregrinos. Outras descobertas merecem ser mencionadas, como as escavações em Cafarnaum, ao norte do lago de Tiberíades, onde arqueólogos franciscanos descobriram talvez a casa de Simão Pedro no meio de uma vila de pescadores. Essas descobertas permitem uma leitura vívida dos

diversos locais que aparecem nos relatos evangélicos. Algumas mais recentes, porém, não se prestam à análise. Referem-se a ossuários (pequenas caixas de calcário onde os ossos de um ou mais defuntos são reunidos mais tarde). Foram inventariados mais de dois mil em Israel, muitas vezes anteriores ao século II de nossa era, cuja descoberta nem sempre foi realizada por arqueólogos profissionais. Assim, a autenticidade da inscrição com o nome dos defuntos por vezes levanta dúvidas. Em 1980, foram descobertos dez ossuários em Talpiot, perto de Jerusalém, trazendo nomes comuns naquela época, como "Jesus" ou "Maria, Mariam", sem que seja necessário vinculá-los imediatamente aos personagens evangélicos. Essas inscrições muito curtas não permitem formular conclusões sólidas. Mais de setenta ossuários trazem o nome de "Jesus", mas nenhum está ligado de forma precisa ao Nazareno. A inscrição "Filho de Jesus de José", descoberta num deles, pode inspirar apenas a imaginação dos romancistas. Mais importante seria, sem dúvida, a inscrição descoberta em 2002 num cemitério de Jerusalém-Leste, com as palavras: "Tiago, filho de José irmão de Jesus". O que poderia corresponder talvez a Tiago ou Jacó, dito o irmão de Jesus, lapidado no ano 62 de nossa era. O comitê oficial que supervisiona as escavações em Israel, porém, recusou sua autenticidade em 2003. Assim, se essas inscrições funerárias, em especial as provenientes de coleções privadas, sem comprovação de origem, estão sujeitas a cautela, será possível encontrar outras fontes não cristãs referentes a Jesus?

7. **Os testemunhos exteriores sobre Jesus** – Afora os textos canônicos, a documentação direta ou indireta

sobre Jesus não tem praticamente nenhuma variação há mais de cem anos. Os dados dos escritores não cristãos continuam raros. Nem por isso são menos valiosos. No ano 49 de nossa era, ou talvez já em 41, uma decisão do imperador Cláudio, registrada por Suetônio, determinava a expulsão dos judeus de Roma: "Como os judeus se sublevavam continuamente por instigação de Chrestos (Cristo), [o imperador] os expulsou de Roma" (*Vida de Cláudio*, § 25). Ora, essa sublevação, ou talvez esse acesso de febre messiânica referindo-se ao Cristo, realmente devia comprometer em Roma alguns judeus que já reconheciam Jesus, e cujos nomes conhecemos, a saber, o casal Priscila e Áquila, segundo Atos 18, 25. Pouco antes, em Antióquia, aqueles que se remetiam ao Cristo passaram a se designar – ou foram designados por seus adversários – como *chrestianoi*, isto é, partidários de Cristo ou adeptos do messias, o ungido por Deus (Atos 11, 26). Pois, até por volta de 64, os romanos consideravam os judeus seguidores de Jesus iguais aos outros judeus. E os virulentos movimentos antissemitas pagãos que atingiam uns atingiam igualmente os outros.

No final do século I, Flávio Josefo, a serviço da casa imperial, iria registrar dois dados históricos importantes. Destaca-se em primeiro lugar o nome de Tiago, mencionado mais acima, e a menção a seu martírio em 62: "O sumo sacerdote Anan convocou uma assembleia de juízes e fez comparecer o chamado Tiago, irmão de Jesus dito o Cristo, e alguns outros, acusou-os de terem transgredido a Lei e condenou-os à lapidação" (*Antiguidades judaicas*, XX, § 200). Na pena desse autor judeu, a palavra *Cristo*, atribuída também a outros perturbadores da ordem daquela época, é bastante pejorativa. A segunda menção a Jesus e seus discípulos apresenta maiores dificuldades, pois suspeita-se de alguns remanejamentos do texto grego, feitos por mão cristã durante as sucessivas reescrituras dos manuscritos. Trata-se do "Testemunho flaviano" (*Antiguidades judaicas*, XVIII, § 63-64), tal como se encontra nos três grandes manuscritos conhecidos desse livro. Alguns especialistas recusam o texto atual; outros o aceitam na íntegra. De modo geral, muitos admitem a existência de remanejamentos posteriores. Eis o texto, trazendo entre colchetes os três ou quatro elementos que, no parecer de muitos pesquisadores, são adições feitas por volta do século III: "Naquela época apareceu Jesus, um homem sábio [se ainda se pode chamá-lo homem, pois] era um fazedor de prodígios, um mestre das pessoas que se regozijavam com a verdade. Ele atraiu muitos judeus e também muitos gregos. [Aquele era o Cristo.] E quando Pilatos, pela denúncia dos primeiros entre nós (isto é, as autoridades judaicas), condenou-o à cruz, os que o tinham amado antes não cessaram. [Pois ele lhes apareceu no terceiro dia, vivendo de novo; os profetas divinos tinham dito essas coisas e dez mil outras maravilhas a seu respeito.] Até agora o grupo dos cristãos [assim chamado por causa dele] ainda não desapareceu." Sem essas supostas inserções, o texto usa um vocabulário e o estilo habitual de Josefo. O autor relata aparentemente o que ouvia falar dos cristãos em sua época. Observe-se a linguagem contida, e afinal pouco cristã: Jesus seria apenas um sábio, um mestre de sabedoria, como se dizia na linguagem da época. Um cristão dificilmente falaria assim de seu Senhor. Além disso, Jesus seria um taumaturgo, como outros em Israel. Mas um copista cristão dificilmente teria acrescentado as palavras "um fazedor de prodígios", bastante pejorativas. Acrescentemos que, no século X, o bispo de Hierápolis, de nome Agápios, apresenta uma versão resumida desse documento, semelhante à apresentada acima.

Enfim, antes do ano 120, o historiador romano Tácito menciona as primeiras perseguições contra os cristãos nos seguintes termos: "Nenhum meio humano, nem as liberalidades do príncipe... conseguiam mudar a opinião de que o incêndio tinha sido ordenado [pelo imperador]. Por isso, para abafar o rumor, Nero apresentou como culpados e entregou aos suplícios os mais refinados dos homens, detestados por suas torpezas, que a multidão chamava de cristãos. Esse nome lhe veio de Cristo, que, sob o principado de Tibério, tinha sido entregue ao suplício pelo procurador Pôncio Pilatos; reprimida no momento, esta execrável superstição irrompia outra vez, não apenas na Judeia, berço do mal, mas também em Roma, para onde converge e de onde se espalha tudo o que há de assustador ou de vergonhoso... Eles foram julgados culpados não tanto pelo crime de incêndio, quanto por seu ódio pelo gênero humano" (*Anais*, 15, 44). Destaca-se aqui a identificação do cristianismo como uma superstição, palavra que na língua romana designava tudo o que não pertencia ao culto oficial. O tema do "ódio pelo gênero humano", por outro lado, estava difundido no mundo romano em relação aos judeus em geral e, portanto, também aos judaico-cristãos.

As informações acima são escassas, mas importantes, na medida em que nos fornecem uma imagem do Cristo sensivelmente diferente dos textos canônicos. A morte sob Pôncio Pilatos e a atribuição a Jesus de um título político-religioso muito perigoso na época, a saber, o de Cristo ou Messias, são dois elementos de peso no plano histórico. Assentados esses pontos, restam apenas textos cristãos que devem ser submetidos a uma leitura crítica, isto é, uma leitura que leve em conta as justas exigências dos métodos modernos em matéria literária e histórica.

II. As diversas leituras e os métodos de investigação

Ao longo da história, adotaram-se vários tipos de leitura do N.T., destacando-se duas em particular. Há muito tempo adotada pelos Pais da Igreja, a leitura crente abraça a Escritura em sua unidade canônica, para vivê-la melhor. O leitor "entra" de certa maneira na narrativa, como se estivesse entre os discípulos, para assim seguir melhor o Senhor. O segundo tipo de leitura, que não se opõe ao primeiro, considera mais a dimensão histórica inerente à produção literária desses textos. Ele opera um certo distanciamento *ex*egético (do grego *ex*, fora de) que o leva a uma segunda reflexão sobre o conteúdo e a historicidade dos relatos em questão. No primeiro caso, eminentemente necessário à vida da Igreja, o texto, de certa forma, "funciona" a serviço da construção pessoal e eclesial dos fiéis. A leitura litúrgica do domingo constitui seu apogeu. No segundo caso, a questão se refere aos mecanismos internos desse funcionamento e à gênese literária desses textos. Como os relatos evangélicos surgiram progressivamente dentro dos primeiros grupos cristãos? Aqui privilegia-se a dimensão histórica, mas sem se tornar exclusiva.

O primeiro tipo de leitura encontra uma bela ilustração no livro de Joseph Ratzinger (o atual papa Bento XVI) sobre *Jésus de Nazareth. Du Baptême à la trans-*

figuration (Flammarion, 2007) [*Jesus de Nazaré*. Planeta, 2007]. O autor visa essencialmente à figura do evangelista João: "Para que, crendo (no Filho de Deus), tenhamos a vida em seu nome" (Jo 20, 31). Apoiando-se indiretamente em conclusões exegéticas de tipo histórico-crítico, o autor interpreta os dados evangélicos no interior dos escritos canônicos tomados em seu conjunto. Sua leitura dos evangelhos requer o ato de fé, de maneira que o "Cristo da fé" se enraíza sem ruptura no "Jesus da história". Os dois se unem imediatamente, e, como Deus se encarnou em Jesus, a realidade histórica do Filho de Deus também deve se tornar tangível. É como se tocássemos no "verdadeiro Jesus", porém sem cair num fundamentalismo estreito, mas nem sempre dando ao leitor os meios de avaliar historicamente o peso de tal designação. Não era o objetivo direto do autor, à diferença deste presente volume. Pois é importante diferenciar os dois procedimentos e respeitar uma distância metodológica entre a confissão do Ressuscitado e o que mais ou menos se pode afirmar historicamente sobre Jesus. Enfim, se "a leitura canônica" certamente tem suas credenciais, mesmo assim continua marcada, ela também, pelo sinete da hipótese e, portanto, da relatividade, segundo os meios, os tempos e os momentos das contínuas releituras globais do corpus testamental. De certa forma, a exegese histórico-crítica permite colocar balizas objetivas, que podem canalizar essas diversas leituras eclesiais. Além disso, este livro fará poucas alusões aos relatos dos milagres de Jesus, que ocupam grande parte dos evangelhos – o que coloca diretamente a questão da linguagem utilizada nas Escrituras e, por conseguinte, a questão da hermenêutica bíblica.

1. **Uma análise literária mais refinada** – Para o historiador, incluído o historiador cristão, a leitura do relato bíblico não impede um olhar crítico que avalie o peso das palavras empregadas no passado. Ele deve avaliar os vários modos de expressão da época, os procedimentos literários utilizados e uma maneira de escrever a história diferente da atual. Por exemplo, os historiadores antigos mesclavam facilmente a narrativa histórica com uma escrita de cunho simbólico para expressar melhor a importância de um personagem ou de um acontecimento. De fato, a partir do momento em que um autor invoca em maior ou menor grau o divino, como escapar a esse tipo de linguagem? O símbolo não apaga a história, mas esse tipo de escrita obriga o historiador moderno a deslocar um pouco seu olhar, pois a narração de um acontecimento dado vem aureolada por imagens multicoloridas, plenas de transcendência. A linguagem simbólica ilumina o sentido ou os sentidos de um acontecimento e ressalta, à sua maneira, os pontos históricos essenciais, mas isso com o auxílio de uma língua diferente da crônica jornalística, puramente fatual.

É difícil resumir em poucas palavras os procedimentos de análise literária utilizados há mais de um século. Mesmo assim é importante apresentá-los rapidamente, visto que suas conclusões dizem respeito à matéria histórica e, portanto, à figura de Jesus segundo os evangelhos. Pois não dispomos apenas de um evangelho – o que o historiador pode fazer a partir de uma única fonte? – e sim de quatro, três deles geralmente bastante parecidos, a saber, os evangelhos sinópticos de Marcos, Mateus e Lucas, e o quarto evangelho, o de João, muito diferente dos anteriores.

Pode-se submeter esses textos, como todas as demais obras literárias, a dois tipos de exame: um exame de tipo sincrônico e um exame de tipo diacrônico. A contraposição entre eles seria prejudicial a ambos, mas ainda assim é preciso diferenciá-los. O primeiro descreve o texto em sua literalidade fatual e seu funcionamento interno. O segundo exame, dito diacrônico, leva em conta a gênese literária e histórica dos relatos evangélicos. Ele avalia, na medida do possível, a eventual distância entre um acontecimento do passado – por exemplo, um gesto de cura de Jesus – e o relato que o apresenta literariamente. E isso sem nunca esquecer a margem de hipóteses próprias de todas as ciências. Assim, o historiador se situa como que no cruzamento dos diversos caminhos, ouvindo o eco dos primeiros balbucios da fé e também o eco de sua recusa no variegado mundo da época helenística. Em suma, esse duplo exame, sincrônico e diacrônico, é importante, sem se excluir mutuamente. Pelo contrário. Pois, de um lado, um exame puramente sincrônico corre o risco de desembocar numa leitura de tipo fundamentalista, crendo tocar a imediaticidade do passado, e um exame unicamente diacrônico, por outro, pode cair num certo relativismo, sem considerar suficientemente a razão, a linguagem e a função do texto efetivo. Enfim, essas operações literárias e históricas podem falhar em seus objetivos se se esquecer a quem se destinavam esses textos.

Entremos em maiores detalhes. A partir do final do século XIX, veio inicialmente a prevalecer um exame de tipo diacrônico, dando lugar à chamada exegese histórico-crítica. Depois, a partir de 1950 e sobretudo desde 1970, com a introdução dos procedimentos inspirados no estruturalismo, o exame voltado para a composição e o funcionamento interno dessas produções literárias ganhou mais importância. Assim, no nível de uma exegese diacrônica de tipo histórico-crítico, o interesse se concentra nas fontes e na datação provável dos escritos evangélicos. Mas as conclusões, em si hipotéticas e sempre visando à máxima objetividade, são igualmente importantes. Vejamos o exemplo da chamada "crítica das fontes". Pelo menos há duzentos anos, os exegetas se perguntam qual dos três evangelhos sinópticos é o mais antigo, portanto o mais capaz, como se dizia então, de designar a realidade primeira. Duas hipóteses se contrapõem. Para uns, atualmente em maioria, o mais antigo é o evangelho de Marcos. Depois, Mateus e Lucas utilizaram Marcos, independentemente um do outro e cada qual à sua maneira. Mas isso não diminui a importância desses dois evangelhos, porque, além de Marcos, eles utilizaram uma segunda fonte de materiais, a chamada "tradição Q" (do alemão *Quelle*), tão ou mais antiga do que a fonte de Marcos. Como se vê, é uma situação bastante complexa. Essas conclusões se fundam num estudo muito atento das relações entre os três sinópticos escritos em grego. Marcos, portanto, seria o primeiro. Mas alguns exegetas continuam a conceder a Mateus uma certa anterioridade em relação a Lucas e Marcos.

Além disso, principalmente a partir de 1950, o interesse exegético se deslocou um pouco, passando a analisar mais os textos em sua composição efetiva, sua redação final e sua teologia própria. Resumiremos alguns resultados a partir da opinião crítica mais aceita. O evangelista Marcos, por volta do ano 70, retomou um conjunto de tradições orais ou parcialmente escritas para organizá-las em forma biográfica. Provavelmente no contexto da igreja de Roma, com o auxílio de um grego bastante tosco e repleto de semitismos, tal como os judeus da cidade falavam na época, ele narra a história de Jesus partindo da pregação de João Batista até o relato da sepultura aberta (de Mc 1, 1 a 16, 8; os versículos 9 a 20 do capítulo 16 foram acrescentados no século II de nossa era). Marcos aparentemente retoma uma série de elementos tomados a uma catequese judaico-cristã, marcada pela influência de Pedro em particular. Por fim, desde o início Jesus é designado como "o Filho de Deus". Por volta do ano 85, numa comunidade judaico-cristã situada em Antióquia da Síria, Mateus, o evangelista grego diferente do apóstolo de mesmo nome, por sua vez retoma e ordena a apresentação de Marcos, acrescentando-lhe vários elementos extraídos de uma segunda fonte, a "tradição Q". O autor, embora não rejeite de modo algum a insistência de Marcos sobre o tema da filiação divina de Jesus, ressalta com igual intensidade que Jesus é, em primeiro lugar, o Messias, o filho de Davi aguardado por Israel. Depois, na mesma época, mas no contexto de uma comunidade situada na Grécia ou na Ásia Menor, o evangelista Lucas, por sua vez, usa as duas fontes em questão (Mc e Q), mas às vezes de maneira bastante livre, com o auxílio de um bom domínio do grego escrito. Nele, Jesus é designado em primeiro lugar como "o Senhor", tal como Paulo em suas epístolas. Por fim, o evangelista conhecido pelo nome de João, no contexto de uma comunidade judaico-cristã sensivelmente diferente das anteriores, iria, por sua vez, escrever um relato com apresentação singularmente diferente da dos sinópticos. Sem dúvida, o evangelho atual é fruto de uma longa elaboração no meio joanita, com certos elementos que parecem anteriores a Marcos (antes de 70), e outros que seriam próximos da perseguição a Domiciano, por volta de 95. A designação final de Jesus segundo João se encontra nos lábios de Tomé, o apóstolo inicialmente incrédulo: "Meu Senhor e meu Deus" (Jo 20, 28).

Como se vê, cada relato evangélico tem suas particularidades, mesmo na ênfase de um ou outro sobre tais ou tais traços da figura de Jesus. De modo geral, esses relatos não se contradizem, mas as diferenças são evidentes, e sempre restam algumas contradições (por exemplo, quanto à cronologia da Paixão, que difere em Mc e Jo). Mas, no âmbito de uma pesquisa histórica, são essas semelhanças e essas diferenças entre os relatos que permitem ao historiador um exame crítico valioso, evidentemente com a margem de hipóteses inerentes a todas as pesquisas do gênero.

2. **O trabalho do historiador** – Como "fazer história" em matéria evangélica? Inicialmente cabe dizer como não a fazer, antes de apresentar algumas reflexões sobre as maneiras de proceder neste caso. Ao ler ou ao ouvir um relato evangélico (e a reflexão vale para todos os discursos ditos históricos), o leitor ou o ouvinte se projeta no nível do evento narrado, neste caso no nível de Jesus que diz isso ou faz aquilo outro. Por meio de um texto, visto apenas como um espelho translúcido, ele ouve a palavra e revive o acontecimento narrado literariamente. Ele se situa, digamos, *dentro do* texto, mais ou menos como o telespectador na frente da televisão que se projeta dentro da ação do filme e entra na pele dos personagens. É como se esquecesse o aparelho de tevê e o trabalho do cineasta que fez o filme. Mas, quando o

espectador se aborrece, por exemplo, ele toma consciência de sua distância em relação ao filme e eventualmente começa a questionar a continuidade das sequências. Ele faz a exegese. E o exegeta se torna historiador quando se pergunta sobre os elementos que o cineasta soube reunir, separar e ordenar para produzir seu filme, narrando um momento da história. O filme é bom quando reúne em duas horas, se tanto, uma série de acontecimentos bem vistos, no bojo de uma imagem ao mesmo tempo sintética e simbólica. O cineasta e o espectador, de fato, veem muito mais do que qualquer um que realmente viveu a história em questão, e o relato filmado é "verídico", pelo menos se o filme histórico for sério. O mesmo se aplica a uma parte dos relatos evangélicos.

Aqui designaremos por "historicismo" (o termo tem vários sentidos, dependendo dos autores) o fato de estar como que imerso *dentro* do relato, sem tomar consciência da existência do texto e das múltiplas mediações literárias, culturais, sociais e comunitárias que o trouxeram até nós. A pessoa se *retro-jeta* na história narrada literariamente. Mas como ela nem sempre nos convém, às vezes não hesitamos em reencená-la de nossa maneira. Por exemplo, como acreditar ainda que Moisés teria atravessado o mar Vermelho? Assim, alguns imaginarão uma seca anterior, que explicaria o episódio, sem sequer se colocar a questão da linguagem utilizada e a função desse relato. O leitor, como que mergulhado no acontecimento reconstruído por seu espírito, esquece a considerável distância que o separa dos fatos literariamente narrados. Ele não tem um distanciamento crítico, e fica à mercê de uma interpretação anacrônica ou psicológica. Jesus, de certa maneira, muda de roupa conforme os tempos e lugares daqueles que querem recuperar sua lembrança em proveito próprio. Ele abraça a utopia de cada um. O Jesus soberano legislador dos juristas anteriores à Revolução Francesa cede lugar ao "*sans-culotte* de Nazaré" que inflamava os discursos revolucionários da Assembleia Nacional, e assim por diante. Em suma, uma leitura dita fundamentalista é aquela que recusa qualquer distância entre o relato narrado e as ditas realidades do passado. Ela nega inclusive as diferenças entre os quatro evangelhos. Ora, são quatro, e não apenas um, que apresentam os mesmos acontecimentos, e há dados que são irreconciliáveis. Essa multiplicidade obriga a ter um distanciamento em relação a eles não para destruí-los, e sim para captar melhor a perspectiva de cada um, em função das exigências pastorais e missionárias das igrejas de onde surgiram. Inversamente, chama-se "racionalismo", pelo menos em matéria bíblica, o fato de recusar o evento narrado para reinventar outro à sua própria medida. Por exemplo, segundo Paulus no século XVIII, Jesus teria escondido os pães na véspera de sua dita multiplicação! Assim, tudo pode ser reinventado de acordo com nossa conveniência. É o fundamentalismo às avessas, no nível de uma falsa imediaticidade. Portanto, cumpre se prender aos relatos tal como são, para avaliar sua linguagem, examinar sua função própria e situá-los em seu próprio tempo, recorrendo em especial a um questionamento de tipo sócio-histórico.

Essas indicações já permitem captar um relato evangélico como a imagem literária, ao mesmo tempo histórica e simbólica, de uma ou de várias realidades fatuais entrelaçadas. Assim, constataremos mais de uma vez que os relatos de nossos "cineastas evangelistas", longe de não ter valor, são até demasiadamente repletos de história, como modelos típicos onde se imprimem os ecos de eventos análogos. Adiante daremos alguns exemplos. Isso não impede o trabalho histórico, pelo contrário, mas agora com uma melhor avaliação da linguagem utilizada – e a linguagem semítica é diferente da linguagem dos herdeiros do mundo grego, a nossa. Ademais, teremos de avaliar exatamente as diferenças entre as palavras e os gestos de Jesus, tal como se refrataram no prisma de cada relato evangélico, e as palavras e os gestos de aparência análoga, conhecidos no mundo greco-romano. O historiador de Jesus não pode reconstruir uma outra vida de Jesus, uma vida de Jesus de acordo com sua conveniência. Ele avalia apenas situações em função do contexto circundante e mede as distâncias entre Jesus e os homens de seu tempo. O historiador não é um deus que poderia, de alguma maneira, recriar a história. Ele pode apenas constatar diferenças, quando isso é possível – e está longe de ser sempre possível, devido à própria escassez e à fragilidade da documentação em questão. Os capítulos a seguir explorarão sobretudo esse "critério de dessemelhança", o critério da diferença, para depois reunir os dados convergentes que permitem ver ou designar melhor a figura de Jesus. Mas, no nível de um trabalho historiográfico, tal designação será sempre relativa e parcial, sem jamais pretender captar essa figura em sua totalidade. O mistério de Jesus, como o de todos os homens, escapa ao instrumental de análise do historiador. Isso não impede, porém, que o fiel abrace a fé em seu Senhor.

III. Referências cronológicas

As várias traduções modernas do N.T. costumam trazer ao final um quadro sinóptico dos marcos cronológicos mais importantes, indo de César Augusto (27 a.C. a 14 d.C.) ao começo do século II de nossa era. A datação literária dos escritos neotestamentais se estende aproximadamente do ano 50-51, com a *Primeira aos tessalonicenses* escrita por Paulo, até cerca de 110, com a *Segunda epístola* dita *de Pedro*. Mas as discussões a este respeito continuam acesas. Aqui nos limitaremos a algumas observações.

Na época antiga, as pessoas do povo praticamente desconheciam sua data de nascimento, e não existia uma contagem universal. Mesmo entre os notáveis, raramente há registro da data de falecimento. Ademais, os anos eram contados a partir da entronização de um rei ou de um faraó, e os anos desses vários reinados muitas vezes se sobrepunham. Além disso, um ano judeu começa na lua nova de setembro-outubro (o mês de *tishri*), e não em 1º de janeiro. Foi apenas no século VI de nossa era que o monge Denis, o Pequeno, calculou o suposto início da era cristã em função da antiga contagem romana, começando com a fundação de Roma, e se enganou pelo menos em quatro anos! O rei Herodes, na verdade, morreu em Jericó em março-abril do ano 4 *antes* de nossa era. Ora, Mateus e Lucas, que não se conheciam, mencionam o nascimento de Jesus *antes* da morte de Herodes, ou seja, por volta de 6-5 antes de Cristo.

A data da morte de Jesus está um pouco mais comprovada, por volta do ano 30 de nossa era, durante a Páscoa judaica e sob o pretorado de Pôncio Pilatos (de 26 a 36). É difícil especificar melhor, pois há um dia de diferença entre a data sugerida pelos três evangelhos sinópticos e a proposta por João. Todos situam a morte numa sexta-feira, mas, segundo Marcos, esse dia coincidiria com o primeiro dia da semana da Páscoa judaica, caindo no dia 15 do mês lunar de Nisân (Mc 15, 25.33). Neste caso, o juiz romano, como de hábito realizando sua sessão logo de manhã cedo, teria pronunciado a sentença em 15 de Nisân. A execução se deu logo a seguir. Mas, segundo a cronologia de João, a crucificação teria sido um dia antes, na véspera da Páscoa, ao meio-dia (Jo 19, 14), e a morte de Jesus teria ocorrido no momento do abate dos milhares de cordeiros, degolados para a refeição pascal vespertina. Os especialistas preferem a data de João, invocando o cálculo astronômico. Mas este só pode ser correto se tiver parâmetros exatos – o que não é o caso, devido ao modo empírico como identificavam o início de cada mês, naquela época, e devido à intercalação, igualmente variável e empírica, de um mês dito suplementar para atender às necessidades das colheitas agrícolas. Seguindo a tradição joanita, muitos situam a crucificação em 7 de abril do ano 30. Em todo caso, o evento se dá no contexto da Páscoa judaica, e isso já de acordo com Paulo (1 Cor 5, 7).

Acrescentemos uma observação geral sobre a organização literária dos relatos e discursos, de aparência cronológica. Os autores antigos costumavam reunir as palavras e os eventos do passado seguindo uma ordem temática, por tópicos. É o que ocorre em Marcos, onde as parábolas e os milagres de Jesus, por exemplo, estão reunidos num mesmo bloco (Mc 4, 1-34 e 4, 35 até 5, 43), como se os acontecimentos tivessem transcorrido num mesmo dia, ou quase. Assim, exceto o início do evangelho com o Batista e o final em Jerusalém, a localização cronológica de uma palavra ou de um gesto de Jesus fica em suspenso. De fato, em Marcos tudo parece transcorrer no espaço de algumas semanas, ao passo que em João, devido à festa judaica da Páscoa, mencionada três vezes (Jo 2, 23; 6, 4 e 13, 1), o ministério de Jesus teria durado pelo menos dois anos. Por conseguinte, muitos situam o início desse ministério por volta do ano 27-28 de nossa era. Além disso, nos sinópticos, a organização temática dos materiais vem acompanhada por um agrupamento dos dados segundo uma topografia essencialmente literária. Assim, em Marcos, o conjunto se organiza primeiro na Galileia (Mc 1, 16 a 8, 26), particularmente em torno do lago de Tiberíades, até o momento em que Jesus vai de Cesareia de Filipe a Jerusalém (Mc 8, 27 a 10, 52). Assim, o conjunto é ordenado em três tempos: a Galileia, a ida a Jerusalém e a Paixão. A apresentação joanita, felizmente, é mais complexa.

Capítulo II
Os inícios

I. Os relatos de infância

Marcos inaugura seu evangelho com o batismo de João, dito o Batista, e o evangelista João também procede da mesma, ou quase da mesma, maneira (Jo 1, 19 ss). Esses dois evangelhos não trazem um relato da infância de Jesus, ao contrário de Mateus (Mt 1-2) e de Lucas (Lc 1-2). A redação deles é posterior à de Marcos, como dissemos antes. Esse ponto pode surpreender, tão acostumados estamos em começar uma biografia com o nascimento e a infância do herói. Mas os homens de outrora, especialmente no mundo semítico, não se interessavam muito pelo tema. Não se atribuía praticamente nenhum valor à criança, e o olhar sofrerá uma longa conversão até que ela se torne o centro da família. Quando Jesus diz aos seus: "Deixai vir a mim os pequeninos..., pois o reino pertence aos que são como eles" (Mc 10, 14), a frase não se refere diretamente à ideia de valorizar a criança, e sim ao seguinte pensamento: o reino de Deus pertence aos que não são nada ou que se consideram como tal, e não aos que se dizem sábios e poderosos neste mundo. Em suma, a primeira trama evangélica de Marcos não se interessa pelo nascimento e pela infância de Jesus. Pois importava antes professar a fé [confessar] na ressurreição do crucificado de Jerusalém e depois reunir suas palavras e lembrar seus gestos, sem se dispersar na escrita embelezada de seus anos de infância. Com efeito, Paulo, nossa primeira testemunha literária, faz apenas duas alusões a ela: uma, sobre Jesus "nascido de uma mulher" (Gal 4, 4), e a outra, sobre a origem de Jesus "saído na carne da semente de Davi" (Rom 1, 3). Marcos, por sua vez, limita-se a citar o nome de Maria, junto com os irmãos e irmãs de Jesus (Mc 6, 3). Segundo uma tradição antiga, esta última indicação pode ser entendida em sentido amplo, no âmbito de uma família de tipo oriental em que os parentes se chamavam de irmãos e irmãs (o aramaico não tem uma palavra para *primo*). Quanto ao evangelista João, ele menciona apenas José e a mãe de Jesus (Jo 1, 45; 6, 42). Como se vê, as informações são esparsas.

Mas, uma ou duas décadas depois de Marcos, os relatos de infância de Mateus e Lucas vêm preencher esse vazio. Mas são muito diferentes entre si. Note-se em primeiro lugar como a linguagem e o estilo desses relatos são diferentes dos outros relatos e discursos lidos na sequência da trama evangélica. Os relatos de infância apresentam uma redação muito diferente da das tradições sintéticas e despojadas sobre o ministério de Jesus. Sua linguagem, repleta de lirismo e imagens, quer mostrar quem é Jesus em sua identidade profunda: ele é o Messias, o filho de Davi e o Filho de Deus. Já se diz tudo, numa espécie de antecipação, antes do desdobramento da trama evangélica que, no começo, estendia-se apenas de João Batista à cruz do Ressuscitado (Atos 1, 22; 10, 37). Entende-se a prudência dos historiadores em relação a esse prefácio narrativo, transbordante de cores.

Mas há um ponto intrigante. Os evangelistas Mateus e Lucas não se conheciam, e seus relatos de infância são singularmente diferentes entre si. Ora, para além dessas divergências, mesmo assim há vários elementos que os aproximam. Sem dúvida os dois evangelistas retomaram, cada um à sua maneira, algumas tradições antigas de origem judaico-cristã, mas sem que se possa ter uma plena avaliação histórica de sua influência. Mateus se interessa mais pela figura de José, inscrita na genealogia dos filhos de Davi, e isso numa linha altamente messiânica: Jesus é o messias de Israel, o filho esperado de Davi. Lucas, por seu lado, está interessado principalmente na pessoa de Maria, pois o nascimento virginal de Jesus é uma manifestação eminente de que ele é o Filho de Deus até o âmago mais profundo de seu ser. Perante tal tipo de relato, o historiador tem como expressar um juízo devidamente comprovado. A escrita ao mesmo tempo poética e teológica de ambos não permite avaliar seu peso histórico, o que não significa que se deva rejeitar *a priori* o interesse desses relatos. Pois a própria diferença entre essas duas tradições, independentes entre si, confere valor aos raros elementos que elas têm em comum.

Os pontos concordantes são os seguintes: uma virgem chamada Maria foi dada em casamento a José, filho de Davi (Mt 1, 16.18.20 e Lc 1, 27; 2, 4). O anjo do Senhor lhe anunciou a vinda de Jesus, seu nome e a missão do menino redentor, filho de Davi (Mt 1, 18 s; Lc 1, 26 s. 32). Maria concebeu pelo Espírito Santo (Mt 1, 18-20; Lc 1, 26-38). Antes de viver junto com José (Mt 1, 18.24 s; Lc 1, 27), ela concebeu Jesus no tempo de Herodes (Mt 2, 1; Lc 1, 5) em Belém, na Judeia (Mt 2, 5-8, e Lc 2, 4 s. 11). Por fim, os três se estabeleceram em Nazaré (Mt 2, 23; Lc 2, 39). O historiador, sem dúvida, pode avaliar essas indicações de diversas maneiras, mesclando dados da história às primeiras convicções da fé. Mas também precisa admitir que elas derivam de uma tradição enraizada no primeiro judeo cristianismo. Essa antiga tradição devia frisar em especial a inserção de Jesus na linhagem de Davi, e ela já encontra ressonância em Paulo (Rom 1, 3). Esse ponto tem importância no âmbito de um certo judeo cristianismo de extrema virulência messiânica – o que não ocorre em todos os meios cristãos. No entanto, é impossível verificar a correção dessas indicações genealógicas (Herodes, o Grande, tinha mandado queimar os arquivos judeus para evitar esse tipo de pretensão!). A menção a Belém é retomada em Jo 7, 42, mas a título de objeção, como se Jesus não tivesse nascido lá. Em resumo, é difícil fazer uma triagem entre a história e, digamos, a lenda – no sentido antigo do termo, designando o que é narrado oralmente ou lido dentro das comunidades. De qualquer modo, a residência de Jesus em Nazaré, na Galileia, é certa (Mc 1, 9; Jo 1, 45). Dito isso, todos esses dados sobre a infância de Jesus, por valiosos que possam ser, não parecem se impor por si sós, pelo menos nas comunidades cristãs de Marcos e João. A fé cristã se funda no evento da cruz do Ressuscitado, e não no relato maravilhado de sua infância.

Acrescentemos uma observação. O tema da concepção ou do nascimento virginal de Jesus escapa, evidentemente, ao exame do historiador. Mas temos aí uma convicção que apareceu muito cedo nos diversos meios cristãos das origens. Ora, o exegeta não se limita a registrar fatos, e deve acompanhar a história das ideias ao longo de toda a recepção das antigas tradições. Tal convicção, expressa desde muito cedo, mostra a ideia de um engajamento radical de Deus na própria existência de Jesus. Certamente ela pode se exprimir de diferentes maneiras, com diferentes linguagens: assim, como Mateus, sob a capa de uma filiação adotiva de Jesus aceita por José; como Lucas, como a marca soberana do Espírito; como Paulo, declarando que se deve desde o início considerar Jesus como o Filho d'Aquele que nomeava como seu Pai (Rom 1, 3-4); sem esquecer o evangelista João, ainda com outra linguagem, que apelará diretamente ao "Verbo" de Deus, isto é, sua Palavra soberana agora encarnada em Jesus (Jo 1, 1). A diferença entre essas linguagens demonstra à sua maneira a antiguidade do tema radical que inspira a todos eles quando designam Jesus em sua inexprimível ligação com Deus.

II. João Batista e Jesus

Feitas essas observações sobre os relatos de infância, passemos ao início da mais antiga catequese judaico-cristã, sobretudo de tipo narrativo, tal como se reflete particularmente em Marcos e na "tradição Q" (Mt-Lc, sem Mc). O evangelista começa evocando a figura de João Batista para situar melhor Jesus no início de sua atividade. Essas duas figuras são distintas entre si, mas guardam uma estreita relação. Esse vínculo e essa diferença permitem formular um juízo histórico preciso sobre ambos.

Segundo os evangelhos sinópticos (Mc 1, 9), Jesus foi batizado nas águas do Jordão por João, cognominado o Batista. Quem é este homem, e qual o sentido de seu gesto? Como ele prepara ou inaugura a ação de libertação de Jesus e, portanto, seu ministério da salvação? Com esse gesto da água, bastante estranho na época, João batiza e reúne a seu redor um grupo de discípulos. Esse grupo é mencionado várias vezes pelos evangelistas: por Marcos (2, 18, sobre o jejum dos "discípulos de João"; 6, 29), por Mateus (11, 2). O fato é confirmado pelo historiador Flávio Josefo, no texto que será lido adiante. O próprio Jesus e alguns de seus futuros discípulos (Jo 1, 35 s) provinham desse meio batista, antes que o nazareno formasse seu próprio grupo.

O Batista praticava sua atividade às margens do Jordão, de aspecto bastante desértico, num local chamado Betânia, logo passando o Jordão (Jo 1, 28), antes de chegar a Enon de Salim, em Samaria (Jo 3, 23). Jesus também passa a batizar e reúne um grupo de discípulos antes de ir para a Judeia e logo deixar de praticar esse gesto da água. Essas últimas informações, que não constam em Marcos, são apresentadas no evangelho de João: "Jesus foi para a Judeia... e ele batizava" (Jo 3, 22). Então alguns discípulos do Batista foram até João e disseram: "Rabino, aquele que estava contigo além do Jordão, agora começou também a batizar e todos vão para ele" (3, 26). O evangelista especifica a seguir: "Jesus fazia mais discípulos e batizava mais do que João" (4, 1), logo acrescentando este curioso inciso: "No entanto não era Jesus que batizava, e sim seus discípulos" (v. 2). Os relatos sinópticos jamais mencionam uma atividade batismal de Jesus concorrendo com a do Batista. Ao mesmo tempo, o Batista é designado como o precursor, aquele que prepara o caminho de Jesus. Ele se torna a testemunha d'"aquele que vem depois de mim" (Mc 1, 7). Pois o discípulo, aquele que "vem depois", como se dizia na época, agora ultrapassa o mestre. Ainda mais surpreendente, Jesus deixa de batizar. Nos evangelhos não se menciona mais nenhum batismo praticado pelos discípulos antes da Ressurreição. Em suas ordens dadas aos apóstolos enviados em missão, o gesto da água é ignorado (Mc 6, 6-13). Será retomado apenas mais tarde, nas comunidades cristãs após a Ressurreição. No plano histórico, portanto, a pergunta é: por que Jesus se separou do grupo batista de João, congregando seus próprios discípulos e, por fim, abandonando a prática desse gesto da água? O que está em jogo? Assim, é importante captar a particularidade desse gesto, em sua singularidade em relação às abluções rituais da época, largamente praticadas no mundo helenístico, digamos pagão, e ainda mais em Israel nos meios judeus mais ardorosos. Até que ponto João foi o iniciador dessa prática, visto que os essênios também utilizavam amplamente esses ritos das águas, sem falar dos grupos batistas, não cristãos, conhecidos pelo menos até o século III de nossa era?

Comecemos com um texto extraído das *Antiguidades judaicas*, escrito por volta de 94 por Flávio Josefo. Ele se refere a "João, dito o Batista", pois o historiador judeu também conhece o cognome derivado desse gesto surpreendente. Eis o texto: "Herodes [Antipas] o mandara matar, embora fosse um homem de bem e incentivasse os judeus... a serem justos uns com os outros e devotos a Deus, e a ir juntos ao batismo, pois nesta condição o batismo aprazia a Deus, se fosse não para obter o perdão de algumas faltas, e sim para purificar o corpo, depois que se tivesse previamente purificado a alma pela justiça. Alguns tinham se reunido à sua volta, pois ficavam muito exaltados ao ouvi-lo falar. Herodes temia que tal faculdade de persuadir despertasse uma revolta. Preferiu apoderar-se dele antes que ocorresse algum problema... João foi enviado a Maqueronte, a fortaleza [a nordeste do mar Morto], e lá foi morto" (livro XVIII, § 116-119). A execução de João Batista ocorreu por volta do ano 28, dois ou três anos antes da morte de Jesus. Como se vê, a história é bastante diferente da narrada por Marcos, em que a decapitação de João se dá por instigação de Herodíades (6, 17-29). Josefo menciona o cognome do Batista, dá destaque a seu estranho gesto que não só apaga as faltas de ordem ritual, mas atinge o homem na profundeza de seu ser, desde que se converta interiormente. Ele diz também que o gesto da água promove a reunião daqueles que o escutam e recebem o batismo, a ponto de levar Herodes Antipas a temer uma comoção popular e a atentar ao crescente perigo. Normalmente os sofistas ou os pregadores de moral não têm tamanho sucesso. É preciso também situar esse gesto da água, realizado à maneira de Eliseu, o discípulo de Elias (*2 Reis* 5, 14), e assim avaliar sua virulência no contexto de uma turbulência profética que se desenvolve a partir da ríspida pregação do Batista (Lc 3, 7-14). Mais adiante, no capítulo V, falaremos desses profetas ou "falsos profetas" da violência e dos "falsos messias" (Mc 13, 22) que surgiram na Judeia até o ano 70 de nossa era. Herodes já podia se inquietar com esse avolumamento profético, e o próprio Jesus será atingido por ele (Lc 13, 31 s). Por ora, retornemos ao gesto batista em sua singularidade.

1. **Os ritos de pureza ritual** – As abluções rituais ou os banhos de purificação eram largamente praticados em Israel. Não tinham significação diretamente moral, pois a função desse rito consistia sobretudo em marcar uma fronteira e abrir uma passagem do mundo profano para o domínio do sagrado – antes de pisar no átrio do Templo, por exemplo –, e depois, inversamente, para a reintegração ao mundo. Os textos da Escritura men-

cionam esses ritos de pureza ritual que se aplicavam, em primeiro lugar, aos sacerdotes e aos levitas, antes e depois de oficiarem no Templo (*Levítico*, 16, 24-26; *2 Crônicas* 4, 2-6). Todavia, o costume se estendeu gradualmente a todos os filhos de Israel, após o contato com um cadáver, por exemplo (*Levítico*, 22, 4-7), ou também antes de uma refeição ou depois de usar taças, jarros e vasilhas (Mc 7, 4). Tudo ou quase tudo tinha de ser purificado, e continuamente. No século I, o costume se generaliza ainda mais devido a uma convicção amplamente difundida na época, a saber, que todos os filhos de Israel devem se considerar sacerdotes, segundo a palavra de Deus que se lê no *Êxodo*: "Sereis para mim um reino de sacerdotes" (19, 6). Assim, todo judeu piedoso deve praticar esses gestos de purificação em algumas bacias de água pura, chamadas *miqwot*, antes de ir ao Templo e à sinagoga ou simplesmente depois de tocar uma coisa ou uma pessoa, ou tendo tido contato com um cadáver ou com pagãos. Esse gênero de contato impuro podia ocorrer a cada instante, inclusive por inadvertência.

Ora, nem todos os judeus, em particular os que eram chamados de "o povo do país", chegavam a cumprir essas numerosas prescrições, de forma que, aos olhos dos "justos", geralmente se encontravam em estado de impureza ritual. Entre eles, alguns ditos "pecadores", como os açougueiros, os médicos, os viajantes, as prostitutas ou os coletores de impostos como Levi, de que fala Marcos (2, 13-17), permaneciam sempre em estado de impureza ritual. Isso devido à profissão deles, que os mantinha em contato com ossos impuros, com mortos e com estrangeiros. Inversamente, pequenas confrarias de pureza ritual, ditas farisaicas ou "separadas", davam a máxima atenção a essas prescrições escrupulosamente retomadas da Lei de Moisés, tão grande era seu ideal de perfeição. Pois tratava-se de viver na mais completa santidade, dando a esta palavra a conotação de separação que tinha na época. Os essênios, incluídos os de Qumrân, por sua vez, eram ainda mais rigorosos do que os fariseus. Multiplicavam seus banhos de purificação, usando as bacias encontradas nas escavações feitas pela Escola Arqueológica francesa de Jerusalém. O cuidado com uma extrema pureza ritual, de certa forma, mantinha-os fechados entre eles, sem contato com os pagãos, especialmente abominados, e mesmo sem relação alguma com os judeus que não seguiam suas observâncias. Consideravam todos os outros maculados. Dentro do próprio grupo, eles mesmos estavam divididos, conforme o maior ou menor grau de pureza ritual. Isso mostra como esses ritos de pureza, apresentados como um ideal religioso, logo acabariam por fragmentar a sociedade religiosa da época. Como afirma Josefo, o cuidado em evitar qualquer contato impuro ia a tal ponto que, nas ruas estreitas de Jerusalém, as pessoas evitavam roçar em algum passante.

2. **Jesus e os ritos de água** – João Batista também devia utilizar ritos de água, mas dando a esse gesto um outro sentido. Jesus, por sua vez, ataca de forma mais ou menos direta esses gestos de pureza ritual. Segundo Marcos, sua atitude chega a parecer extremada: "O que sai do homem (de seu coração) é o que o torna impuro" (Mc 7, 20), e não algum contato ou alimento dito impuro. Todavia, a distinção entre os animais puros e impuros, como o porco, tem raízes na Escritura (*Levítico*, 11). Jesus, então, iria contra a Lei de Moisés, isto é,

contra a revelação divina? O evangelista judaico-cristão Mateus parece mais prudente nesse caso, mesmo lembrando que Jesus manteve distância desse tipo de prática (Mt 15, 10-20). Jesus é judeu e aceita os usos judaicos, inclusive usando franjas no manto (Mt, 20). Chega até a comer com fariseus respeitando suas prescrições alimentares (Lc 7, 36); ao mesmo tempo, parece ter uma extrema liberdade em relação às abluções rituais (Lc 11, 37 s). Ele não as condena, mas desvaloriza-as significativamente. Sua posição é outra, em virtude de um outro imperativo moral, mais interior.

No plano histórico, essas observações são de importância decisiva. Jesus não hesita em enfrentar o ideal de pureza levítica ou sacerdotal que animava os escribas e os homens religiosos mais importantes da época. Não se dobra, pelo menos não totalmente, a essas regras de pureza que fragmentavam a sociedade. E procura deliberadamente atingir os pequenos, os pobres e os impuros, em suma, "o povo do país [?]". Sua religião, isto é, a ligação a ser instaurada entre Deus e o homem, quer ser mais imediata, se não popular, ao alcance de todos. Jesus não entra no jogo das castas de sua época, que reúnem as elites intelectuais e religiosas. Chega a declarar que é este o objetivo de sua missão, ao afirmar: "Eu não vim chamar justos, mas pecadores" (Mc 2, 17), sempre dando a essas palavras a conotação acima exposta. Mais tarde, dirigindo-se a gregos pouco afeitos a essas práticas rituais, Lucas retomaria as mesmas palavras, mas infundindo-lhes um conteúdo moral: "Não vim chamar os justos, mas sim os pecadores ao arrependimento" (Lc 5, 32). Assim, a ligação com Deus, isto é, a religião, torna-se acessível aos menos dotados. E mais ainda, Jesus ousará introduzir entre seus discípulos um cobrador de pedágios (um publicano) de Cafarnaum, a cidade vizinha ao norte. O coletor Levi, também chamado Mateus (Mc 2, 14; Mt 9, 0), era um "pecador", e basta um só para macular todo o grupo. Isso significa que os discípulos de Jesus, longe de constituírem um grupo de puros ou de fariseus, não aderiam a esse ideal de uma santidade artificial.

Tudo isso se aplica ainda mais ao caso dos sectários essênios da Nova Aliança. Mais que os fariseus, os essênios tinham um cuidado extremo com tal pureza ritual e investiam ferozmente contra os outros judeus e os sacerdotes de Jerusalém, que consideravam maculados e pervertidos. Alimentam um ódio virulento aos pagãos. A seus olhos, o estrangeiro é o impuro por excelência. Jesus, pelo contrário, circula muito, especialmente nas regiões fronteiriças; tem contato com os pecadores e os leprosos cobertos de sujeira repugnante (Mc 1, 40-45), com pagãos possuídos por um espírito impuro (5, 1-20) e mesmo com mulheres de reputação duvidosa ou ritualmente impuras (Lc 7, 37 s; 8, 43). Ele pertence ao meio popular, artesão e camponês, que está no extremo oposto daquelas elites religiosas em busca de uma santidade ritual. Os essênios fugiam ao mundo e se isolavam em Qumrân ou nos arredores das cidades. Assim, a distância entre eles e Jesus parece considerável. Aliás, nem são citados nos evangelhos, e mesmo na antiga literatura judaica fora de Qumrân são raras as menções a eles. Sem dúvida, tanto Jesus quanto os essênios invocam a instauração de uma "nova aliança", criando uma nova ligação com Deus, como anunciava o profeta Jeremias (31, 31). Mas há muitas maneiras de tecer seu conteúdo, e finalmente é uma outra imagem de Deus que se exprime em ambos os lados. No entanto, após a Ressurreição, os essênios exercerão alguma influência, especialmente em comunidades joanitas, isto é, entre judeo-cristãos que seguiam na esteira de João Evangelista. Sem dúvida também havia essênios em algumas igrejas de observância paulina. Pelo menos, como em Qumrân, encontram-se em João Evangelista expressões ou temas de tipo dualista, opondo a força das trevas aos "filhos da luz" (Jo 12, 36). Alguns elementos, mais tarde inseridos nas epístolas paulinas (2 Cor 6, 14 a 7, 1), também podem apresentar ecos essênios. Assim, não se deve minimizar a influência do essenismo sobre o primeiro cristianismo, mesmo que a princípio a distância entre Jesus e esse tipo de religião pareça considerável.

Os vínculos de Jesus com o meio fariseu são mais sólidos. No contexto das sinagogas, os escribas procuravam o contato com o povo e eram mais abertos às gentes das nações. Jesus chegaria a acusá-los de ser demasiadamente "proselitistas" (Mt 23, 15), mas ele fará praticamente o mesmo, pelo menos se entendermos a palavra proselitismo no sentido que tinha na época, a saber, o de "deixar vir a si" os estrangeiros que aceitam a fé monoteísta, e não o de seduzi-los de maneira fraudulenta. Há ainda vários pontos de união entre Jesus e os fariseus, por exemplo a mesma insistência sobre os temas da providência divina e da ressurreição dos mortos. Isso não o impedirá de contestá-los (Mt 23). Mas, antes de apontar essas diferenças, mostremos melhor o alcance do gesto batista.

3. **O batismo de água e o batismo de Espírito** – Inicialmente, João e Jesus batizavam nas margens do Jordão, a pequena distância de Qumrân. Para além

da separação radical mencionada acima, não seria o caso de aceitar, mesmo assim, um certo vínculo entre os essênios e esses dois batistas? Todavia, aqui não se deve cair na fantasia, como aqueles que pretendem que de início João ou Jesus teriam frequentado Qumrân como noviços! Esse tipo de suposição, sem nenhuma base nos textos, confunde o leitor e em nada contribui para construir um discurso histórico. Acrescentemos alguns elementos, pois esta questão se refere à natureza específica do gesto de água promovido por João. Com efeito, o Batista instaura uma certa relação entre o perdão dos pecados e o rito de água que oferece a todos, inclusive soldados que não eram judeus (Lc 3, 14). Como vimos acima, Flávio Josefo já assinalava este ponto, que lhe parecia surpreendente. Todos acorrem em busca de uma salvação que os resgata na totalidade, sem nada ceder à magia. Em Batista, o gesto de imersão na água está ligado ao tema do apagamento dos pecados por Deus. A água visa esse perdão, e o gesto batista dá início à salvação dos últimos tempos: "Convertei-vos, o Reino dos Céus está próximo", proclama João segundo Mateus. Jesus retomará a mesma mensagem (Mateus 3, 2 e 4, 17). O perdão, evidentemente, não opera por magia. O pré-requisito indispensável é a conversão do coração. Marcos frisa claramente estes pontos: "João Batista apareceu no deserto [do Jordão], proclamando um batismo de conversão para o perdão dos pecados" (Mc 1, 4). As pessoas afluíam, "confessavam seus pecados e ele os batizava no Jordão" (v. 5). Adiante João exclama: "Eu vos batizo com água, mas Ele vos batizará com o Espírito Santo" (v. 8). Todas essas expressões guardam um sentido preciso, quase técnico, no contexto da época. Assim cumpre avaliar o peso delas.

Já os profetas de Israel sabiam utilizar a imagem da água para se referir a uma purificação interior, que começava pelo coração: "Lavai-vos, purificai-vos" (*Isaías* 1, 16). Segundo Ezequiel, Deus anuncia ao povo de Israel: "Espalharei sobre vós uma água pura e sereis purificados" (36, 25). Mas são apenas imagens, ao passo que João e os seus vão, de certa maneira, reificar o conteúdo e transformá-lo em gesto de um perdão efetivo concedido por Deus. A água dessa imersão ou desse "batismo" (a palavra é bastante nova na época) agora está estreitamente ligada ao perdão de Deus e, portanto, à salvação. Mas assim o gesto se torna revolucionário. Pois, até então, somente o Templo pretendia distribuir o perdão de Deus. Os "sacrifícios pelo pecado" oferecidos ao Templo ou a confissão dos pecados no Dia do Perdão (*Kippur*), comemorado no dia 10 do mês de *Tishri* (setembro-outubro), conferiam concretamente a salvação de Deus. Ora, se o Batista instaurava um gesto de água em ligação direta com o perdão do pecado, essa própria imersão em si entrava em concorrência com os gestos do Templo. E neste caso a salvação era amplamente distribuída a todos, e não mais reservada apenas a alguns ou para certas faltas rituais. Como especifica Flávio Josefo, o homem inteiro, em seu corpo e em sua alma, é transformado. Assim, esse gesto na água corrente do Jordão – rio até então considerado impuro – rivalizava e chegava a superar as abluções rituais da época.

Mais tarde, alguns discípulos do Batista prosseguiram com a prática, por exemplo aqueles que, mesmo reconhecendo Jesus, continuavam a receber o batismo de João; é o que se menciona nos *Atos dos Apóstolos* a propósito de Apolo (18, 24 a 19, 6). Ainda no século II, a literatura rabínica continua a mencionar esses "batistas da manhã", em controvérsia com fariseus (*Tosefta Yadaïn* 2, 20). E até nossos dias existe um grupo de mandeus, entre o sul do Iraque e o Irã, que se declaram discípulos do Batista e continuam a praticar um batismo de água no Eufrates, que chamam de "o Jordão". Eles também ressaltam especialmente o vínculo entre a água e o apagamento do pecado, corporal e espiritual.

Mas voltemos ao essencial do debate sobre o meio essênio. Os seguidores da Aliança não hesitavam em estabelecer um certo vínculo entre a água das abluções rituais, o Espírito e o perdão do pecado, tudo isso acompanhado por uma conversão interior. Leiamos dois excertos da *Regra comunitária* que os regia: "É pelo Espírito de santidade em vista de uma vida comunitária em Sua verdade, que ele [o essênio] será purificado de todas as suas iniquidades, e é por um espírito de retidão e de humildade que seu pecado será espiado, e é pela humildade de sua alma perante todos os preceitos de Deus que sua carne será purificada, quando lhe for aspergida a água lustral e ele se santificar na água de contrição" (*1QS* III, 7-9). Depois, "ele aspergirá sobre si o Espírito de fidelidade como água lustral para eliminar todas as abominações mentirosas" (*1QS* IV, 20). A água lustral, mistura de água com hissopo e as cinzas da Novilha Vermelha (*Números* 19, 1-22), aqui é vinculada a um certo perdão do pecado, desde que venha acompanhada pela conversão do coração. Mas é o Espírito, de grande importância em Qumrân, que opera a autêntica purificação.

Então coloca-se a questão de um certo vínculo entre Qumrân e Jesus ou os seus. Nas primeiras comunidades cristãs, certamente devia haver uma oposição entre um "batismo de água", à maneira de João, e o "batismo do Espírito", como se diz em Marcos, referindo as palavras do Batista: "Eu vos batizei na água, mas ele vos batizará no Espírito Santo" (Mc 1, 8). De certa maneira, a água se opõe ao Espírito, e levará algum tempo até que se reconciliem. Pois Jesus não batiza. Além disso, a salvação no Espírito, isto é, o perdão que vem diretamente do Sopro de Deus (Espírito e sopro são a mesma palavra), agora passa para a pessoa e a ação do Nazareno. Jesus recebe soberanamente o Espírito (Mc 1, 9-11). Apenas mais tarde, as comunidades após a Ressurreição retomarão a prática do gesto de água, ligando-o progressivamente ao recebimento do Espírito (Atos 2, 38; 19, 1-6). Jesus, outrora, havia abandonado essa prática de maneira extremamente significativa, na medida em que o perdão de Deus, e, portanto, também a entronização dos tempos da salvação e do reino de Deus, não passava mais por qualquer gesto de água que fosse, e sim pela própria pessoa. A água não perdoa mais, e Jesus, de certa maneira, monopoliza o Espírito. Da mesma forma Paulo declarará mais tarde que a água enquanto tal não perdoa, e sim apenas a cruz do Ressuscitado (Rom 6, 3 s). A água fica subordinada ao Espírito do Ressuscitado.

Dessa forma, no plano histórico e no plano religioso, agora Jesus se situa à distância de João Batista e também dos essênios. Há um elo e, ao mesmo tempo, uma distância entre eles, entre a água corrente do Jordão e a água lustral (ritual) dos essênios, entre a água de Batista e o Espírito de Jesus, entre esse Espírito agora associado à pessoa de Jesus e o Espírito que surge dos gestos rituais essênios. Pois Jesus se apresenta como o lugar do perdão de Deus, sem a intermediação da água.

Essa intermediação se torna inútil. Isso não impede que, mais tarde, as comunidades judaico-cristãs apontem o Batista como o precursor e o anunciador de Jesus. Assim é que, segundo elas, o gesto de Batista atingia sua plenitude na pessoa e na ação de Jesus. Pois este se atribuía o direito incrível de perdoar o pecado, o que só Deus pode fazer (Mc 2, 7). Tal reivindicação de poder da parte de Jesus, junto com o abandono do gesto batista, coloca claramente o enigma de sua pessoa. Ademais, a distância entre Jesus e os essênios é ainda maior, na medida em que ambos reivindicam o monopólio do Espírito, mas em sentido oposto. Os essênios o anexam ou o reservam para si dentro de uma comunidade de puros que recusa qualquer contato com os outros. É um Espírito que os encerra ainda mais dentro deles mesmos, na certeza peremptória da própria salvação. Jesus, por seu lado, é designado pelos seus como o receptáculo do Espírito, mas no âmbito de uma ação de salvação aberta para as pessoas menos religiosas da época. Cumpre acrescentar que a tensão entre a água e o Espírito, aqui mencionada, levou algum tempo para se dissolver. Em Lucas, o dom do Espírito em Pentecostes se dá sem água (Atos 2, 1-11), e Paulo continua como o homem do Espírito, sem falar muito no batismo, inclusive em Romanos 8.

Capítulo III

Uma nova palavra

Um dos títulos mais antigos dados pela multidão a Jesus foi o de "profeta" (Mt 21, 11.46). Deve-se entender a palavra com a significação que possuía na época, a saber, um porta-voz de Deus, divinamente autorizado. Essa palavra, inicialmente, não remetia ao futuro; referia-se ao homem em seu comportamento atual perante Deus e os semelhantes. Os antigos profetas de Israel, como Amos, Isaías ou Jeremias, nos séculos VII e VI antes de nossa era, repercutiam os oráculos de Deus dirigidos a seus contemporâneos: "Assim fala o Senhor!" (*Amos* 1, 3; *Isaías* 1, 20; *Jeremias* 2, 3). O profeta denunciava diretamente os gestos escusos ou fraudulentos de seus contemporâneos. Mas seria assim também no século I de nossa era?

I. O surgimento de uma nova palavra

Os espíritos estavam divididos. Os saduceus, entre outros, diziam que o tempo da profecia já se acabara. Zacarias e Malaquias teriam assinalado o final desse tipo de palavra. Flávio Josefo, em seu livro *Contra Ápion* (VIII, § 37-42), também pensava assim, e igualmente os escribas da época, como afirma uma antiga tradição que se lê no *Talmude de Jerusalém* (tratado *Sota* 13, 2): "Os céus agora estão fechados", e Deus não fala mais diretamente aos homens. Assim, para comentar, restam apenas os escritos antigos que registram as palavras divinas dirigidas a Moisés e aos antigos profetas.

Ora, no contexto diversificado do judaísmo do século I, alguns começam a declarar que os céus voltam a se abrir (Mt 3, 16). Deus ainda fala. João Batista e outros profetas, portanto, tornam a falar em nome de Deus, e Jesus também, ou talvez ainda mais exprimindo essa palavra soberana por iniciativa própria.

Essa nova efusão da palavra, de fato, inicia-se com o surgimento da chamada literatura apocalíptica, já desvelando os últimos tempos que se aproximam. O livro de *Daniel*, escrito no século II a.C., é um belo exemplo. Este tipo de escrita também está presente em outros livros ditos apócrifos, como os *Jubileus* e *Enoque* dos séculos III-II a.C. No entanto, esses escritos pretendiam apenas reunir as palavras dos profetas passados, como Enoque, Moisés, Baruque ou Esdras, sem mencionar profetas da época. Os escritos qumranianos, por sua vez, também expunham sua convicção de apresentar a palavra atual e normativa de Deus, mas o "Senhor da Justiça" (no sentido de dirigente religioso) nunca é chamado de "profeta", mesmo que desempenhe um papel central dentro da comunidade. Ele se apresenta apenas como o autêntico intérprete da Lei de Deus.

Ora, a partir de João Batista, pelo menos desde o ano 27 e até o ano 70 de nossa era, ressurge surpreendentemente o título de profeta, como se a palavra de Deus irrompesse novamente em Israel. A palavra então explode em todos os sentidos, e ressurgem os profetas. Uns se inscrevem na linhagem mais marginal dos antigos profetas Elias e Eliseu, como o Batista e, em certos aspectos, Jesus segundo Lucas, principalmente. Outros se apresentam como o novo profeta de que falava o *Deuteronômio*: "Eu [Deus] farei surgir entre eles um profeta como eu [Moisés]... Colocarei minhas palavras em sua boca" (18, 18). Cada qual se identificava com esse novo Moisés, querendo operar "sinais e prodígios" que manifestariam o fim próximo dos tempos. Jesus também será reconhecido como tal por seus discípulos. Mas, diante de outros com a mesma pretensão, Jesus dirá que são "falsos profetas", pois "farão sinais e prodígios para confundir, se possível, os próprios eleitos" (Mc 13, 22). Aos olhos de Jesus, eles não passam de profetas da violência, crendo se apropriar do Reino dos Céus em seu proveito, mas de fato desviando seus contemporâneos do verdadeiro Reino de Deus (Mt 7, 15; 11, 12). Com efeito, a mesma palavra grega *basileia* ou aramaica *malkoutha* pode ser traduzida seja como "o Reino de Deus" (ou "dos Céus", para não precisar enunciar o nome divino), muitas vezes com uma conotação político-messiânica, ou como "o reinado de Deus", declarando seu domínio soberano no mundo e sua iminente intervenção. De toda maneira, a proclamação de Jesus, anunciando a aproximação desse reinado ou *a fortiori* desse reino, era perigosa em si, no contexto político da época. Representava uma espécie de contestação das instituições estabelecidas, sem falar do governo absoluto de César. Quem era então esse novo pregador? Como e do que falava ele?

1. **A palavra de Jesus** – O homem tem aparência comum. Não se distingue pelas roupas, como o Batista estranhamente vestido como o profeta Elias (Mc 1, 6; *Reis* 1, 8). Ele deixa o deserto do Jordão para se reunir ao povo das aldeias. Não é sequer um *nazir*, isto é, um consagrado a Deus, vivendo à parte, sem tomar vinho nem bebidas fermentadas (Lc 1, 15; *Números* 6, 2). E come carne, enquanto o Batista se contentava com

gafanhotos, que na época não eram considerados carne. Por isso as palavras que seus adversários proferem, opondo-o a Batista: "É um comilão e um beberrão, um amigo dos coletores de impostos e dos pecadores!" (Mt 11, 18-19). A palavra aqui traduzida como "comilão" na verdade designa "comedor de carne". O ponto pode parecer irrelevante, mas note-se que Jesus não apresenta oferendas em sacrifício no Templo e nunca participa das refeições rituais consumindo as carnes puras dos "sacrifícios de comunhão". Essas refeições existiam, mas Jesus não toma parte nelas – o que já ressalta a distância entre o Templo e ele. Além disso, toma vinho. Ora, na época, a carne e o vinho são os sinais distintivos da festa. Então de que festa se trata? Uma festa fora do Templo, a festa de um reinado de Deus em vias de extinção, a festa de um novo encontro com Deus.

Se a palavra do Batista é quase como a de um justiceiro (Mt 3, 7-10), a palavra de Jesus alia de maneira surpreendente a suavidade e a aspereza num discurso inflexível, quase violento. Vejamos alguns exemplos, destacando ao mesmo tempo uma das características do personagem em que as palavras aparentemente contrastantes desafiam a lógica. Quem não conhece suas palavras sobre os lírios do campo e parábolas como a do semeador, sem falar das Bem-Aventuranças (Mt 5, 3-12; 6, 28; 12, 3-9)? Inversamente, ele lança duras interpelações a seus adversários (Mt 2, 7, "ninho de víboras"; 7, 6, "cães"). E mais, suas palavras e sua conduta em relação ao Templo parecem inadmissíveis. É o que faz explodir a cólera das autoridades religiosas, particularmente quando Jesus toma o chicote contra os mercadores e vendilhões do Templo (Jo 2, 13-16; Mc 11, 15-19 e 13, 2). Ora, como assegurar o funcionamento do Templo com seus sacrifícios sangrentos exigidos pela Lei, sem animais para o sacrifício e sem moedas que tragam a efígie idólatra de César para comprá-los? Os mercadores do Templo e os cambistas eram necessários (sobre as moedas com efígie, ver Mc 12, 13-17). Mais ainda, suas palavras visando diretamente à destruição do Templo, ou seja, o local da morada divina, parecem inadmissíveis (Mc 13). Como dar crédito a tal discurso? Esse comportamento extremo resultará na cruz. Assim, há uma diferença de tom considerável em relação ao começo de sua pregação, de ar sereno e alegre, próxima do ambiente rural e popular da Galileia. Mas não forcemos demais o contraste, pois a pregação inicial do Reino ou do Reinado de Deus também se mostrava politicamente perigosa. Vinte anos mais tarde, é verdade que em outro contexto, Paulo evitará insistir demais nesse tema ambíguo. Ele não comenta mais tal Reinado.

A mensagem de Jesus, esse profeta itinerante, e mesmo carismático, como diria Max Weber, de fato inscreve-se na linhagem dos antigos profetas de Israel. Mas o discurso geralmente é mais breve e incisivo, com frases curtas que, mais tarde, os primeiros pregadores cristãos reunirão para formar o que hoje conhecemos como "o discurso da montanha", "o discurso em parábolas", "o discurso escatológico" e outros (Mt 5-7; Mc 4 e 13). Essas palavras ou frases curtas, montadas num relato que lhes serve de quadro narrativo (por exemplo Mc 2, 13-17), são literariamente bem cunhadas, como este ataque contra uma certa observância do sabá prevalecendo sobre o bem das pessoas: "O sabá foi feito para o homem, e não o homem para o sabá" (Mc 2, 27) – aliás, encontra-se uma frase análoga entre os antigos escribas. Destaca-se também um uso surpreendente do paradoxo, como em Lc 5, 20 s [??]: "Felizes vós os pobres, a vós pertence o reinado de Deus! Felizes vós que tendes fome...", e em Lucas são realmente pessoas totalmente despossuídas. A utopia, no sentido nobre do termo, torna-se extrema. Assim, de um lado, Jesus retoma amplamente máximas difundidas no mundo judeu, entre elas a do amor a Deus e ao próximo (Mc 12, 29-33). Sua insistência sobre esse ponto é real, mas sem o especificar plenamente. Outros rabinos como Hillel também destacavam sua importância. E, por outro lado, a palavra de Jesus se mostra espantosamente cortante, livre, paradoxal. De fato ela se caracteriza pelo uso do paradoxo, tomando o ouvinte de surpresa. Lembrem-se de frases como: "Se algum de vós quiser ser o primeiro, deverá ser o escravo de todos" (Mc 10, 44). A frase é ousada, pois o escravo é aquele que não pertence sequer a si mesmo. Acrescentemos que essas palavras, atualmente transmitidas em grego, muitas vezes conservam o frescor do aramaico subjacente, ritmado segundo os códigos da transmissão oral da época. Pois Jesus falava aramaico, a língua do povo, e não o hebraico utilizado pelos letrados de Qumrân. Diversas palavras aramaicas de Jesus foram preservadas nos evangelhos: *Talitha qoumy* e *Ephatha* (Mc 5, 41 e 7, 34).

2. **Jesus e o reinado de Deus** – Entre essas curtas sentenças, detenhamo-nos em sua principal pregação: "Convertei-vos. O reinado [ou o reino] dos céus [de Deus] está próximo" (Mt 4, 17). Jesus não se apresenta como o anunciador de um reino deste mundo, do qual seria o messias, mesmo que, ironicamente, tal seja o título acusador na cruz, referindo-se diretamente ao

"rei dos judeus" (Mt 27, 37). Jesus recusa essa realeza (Mt 4, 8 s; Jo 6, 15) e anuncia em alta voz a chegada de um domínio radical de Deus sobre o mundo, no qual ele mesmo já está engajado com suas palavras e seus gestos de cura. Com ele chega o tempo da soberania de Deus. O mesmo tema retorna no *Pai Nosso* ensinado aos discípulos, com a súplica: "Venha a nós o vosso reino" (Mt 6, 10); esse reinado de Deus já está operante na ação de Jesus. Sua mensagem é ao mesmo tempo teocêntrica e teleológica, isto é, centrada em Deus e orientada para o futuro. Pois Jesus não é um sofista ao estilo helenístico ou um sábio proferindo as sentenças de uma intemporal sabedoria ao estilo do livro dos *Provérbios*. Em Jesus, o olhar fita Aquele a quem chama de Pai, e ele se volta para o futuro. É verdade que os fiéis mais tarde insistirão sobre a consumação plena desse reinado na própria pessoa de Jesus, como diz Lc 17, 21: "Saibai, o reinado de Deus está entre vós". O reino já está ali, e Jesus se identificaria com ele como sua plena realização. Tudo já estaria ali, desde o início. Mas, se forçarmos este tema, a figura histórica de Jesus não se inscreveria mais no tempo. A espera de sua Parusia (Visita) final se eclipsaria e o movimento eclesial de uma libertação em andamento perderia sua força. Assim, é importante respeitar a distância entre o "Jesus da história" anterior à Páscoa (judaica), voltado para o futuro do reinado de Deus, e o "Cristo da fé" pascal, absorvendo de alguma maneira o Reino em sua própria pessoa. O "já-ali" de sua presença não anula o "ainda-não" de um futuro sempre aberto.

3. **A autoridade de sua palavra** – A liberdade da palavra de Jesus surpreende em dois pontos de grande

importância na época: sua maneira de se situar em relação a Deus e a autoridade a ser conferida à sua própria palavra. Comentaremos o primeiro ponto no capítulo V. No século I, o judaísmo passa por uma forte crise, pois não se sabe claramente a quem pertence a autoridade em matéria religiosa. Os grandes sacerdotes e os saduceus davam a impressão de deter esse poder, mas muitos o disputavam. Esses notáveis se baseavam apenas na Torá de Moisés (o Pentateuco), prontos a rebaixar os profetas e os demais livros bíblicos ao nível de uma livre opinião, sem caráter normativo. Os escribas fariseus, por sua vez, consideravam que as prescrições legais deviam ter raízes nas Escrituras (o Pentateuco e os Profetas), bem como na "tradição dos Anciãos". Com isso, os sacerdotes perdiam poder em favor dos escribas. O Direito, a partir daí, deveria surgir da exegese farisaica dos textos de Moisés e dos elementos transmitidos pela tradição. Mas os fariseus, mesmo exercendo grande influência sobre o povo, não possuíam o poder de fato. Virão a tê-lo principalmente após a ruína do Templo. Os essênios, por sua vez, apoiavam-se na Torá, nos profetas e nas decisões proferidas pelo "Mestre de Justiça", no âmbito de sua tradição comunitária. Todo o restante é como que varrido. Mas esses sectários se isolavam demais do resto de Israel para terem alguma influência real. O N.T. nem sequer os menciona.

Ora, nesse contexto fragmentado, Jesus declara sua autoridade soberana acima da "tradição dos Anciãos" e mesmo, em parte, além de certos preceitos das Escrituras. Pelo menos tem-se a impressão, na leitura dos evangelhos, de que Jesus ora segue, ora não segue inteiramente a Lei; de que recusa a tradição dos Anciãos, e no entanto aceita-a em parte; de que reduz a autoridade dos sacerdotes, mas mesmo assim tributa-lhes respeito. Vejamos alguns exemplos. Jesus ataca a tradição em Mc 7, 3-9 e, ao mesmo tempo, não a recusa totalmente, neste discurso virulento dirigido aos escribas: "Vós pagais o dízimo da menta, da erva-doce e do cominho [como era exigido pela tradição, e não pela Escritura], enquanto descurais o que há de mais importante na Lei... É isto que deve ser feito, sem negligenciar aqueloutro" (Mt 23, 23). Jesus segue a Lei da qual "não se tirará o menor traço" (Mt 5, 18), e usa franjas em suas roupas (Mc t, 56; ver *Números* 15, 38-41). Invoca o Decálogo (Mc 10, 19, ver *Êxodo* 20, 12-16). Ora, esses dez mandamentos também incluem o respeito ao sabá (20, 8), mas Jesus passa facilmente sobre ele (Mc 2, 23 s; 3, 2 s; Jo 5, 9-18). Chega até a dizer: "Eu sou [literalmente: "O Filho do homem é"] o senhor do sabá" (Mc 2, 28). É uma pretensão extrema, pois foi Deus que estabeleceu o sabá desde a criação (*Gênese* 2, 1-3). Por fim, Jesus nem discute com os sacerdotes e por vezes faz ironias sobre eles (Lc 10, 31). Os grandes sacerdotes, aliás, serão os adversários que o conduzirão à morte (Mc 15, 1 s), e Jesus ainda assim reconhecerá a autoridade de Caifás – mas não a de Ana e de Herodes Antipas (Mc 14, 60-63).

Essas tradições parcialmente discordantes podem se explicar. As Igrejas judaico-cristãs, como a de Mateus, e as comunidades heleno-cristãs, na linha de Marcos e de Lucas, insistiam, cada uma delas, sobre alguns pontos específicos. A Igreja de Mateus, provavelmente situada na Antióquia, reunia sobretudo judeo-cristãos, e o imperativo missionário em Israel era prioritário para eles. Assim, os elementos evangélicos que acentuavam demais a ruptura com a Israel do passado iam contra esse tipo de missão. Ocorre o inverno em outras igrejas imersas no mundo greco-romano. Em suma, cada qual toma aquilo que lhe parece mais pertinente nas circunstâncias, em função das exigências pastorais e missionárias.

Mas não é possível escapar à questão no que concerne a Jesus, pois permanece uma certa ambiguidade. Jesus parece respeitoso, se não intransigente, em relação à Lei (Mt 5, 18), e ao mesmo tempo totalmente livre. A exemplo dos escribas de filiação farisaica, ele sabe passar por cima de uma exigência da Lei Divina (Mt 12, 1-8). Também sabe hierarquizar a importância dos preceitos divinos e distinguir qual é o principal entre eles (Mc 12, 28). Mas todos esses pontos já eram discutidos nas confrarias farisaicas, e alguns escribas da época também falavam em socorrer a ovelha que "cai num buraco no dia do sabá" (Mt 12, 11). Ao contrário dos essênios rigoristas, os fariseus sabiam perfeitamente bem como adaptar os preceitos divinos à situação do momento. Uma ala do movimento fariseu, sem dúvida a de Hillel, chegava a receber a pecha de "buscadores de alívio", por parte dos judeus de Qumrân. Mas não é esse comportamento que caracteriza Jesus. Não é nem mesmo o fato de enfrentar a Lei de Moisés e, às vezes, de contrariá-la (Mt 5, 21-42; Mc 10, 2-9), e sim essa capacidade de reorientar o olhar quando a Lei de Moisés perde seu estatuto de referência primordial, em favor de uma outra percepção de Deus e dos homens. Jesus não é contra a Lei, mesmo que relativize curiosamente a figura de Moisés, por exemplo martelando seus "E eu, eu vos digo" (Mt 5, 22.34.39.44). De fato, ele se situa de outra maneira, com toda a liberdade, exceto o vínculo que o une a Deus na atualidade de uma nova palavra. Mais tarde, as comunidades cristãs, enfrentando, por sua vez, o problema do respeito à Lei, terão dificuldade em traçar seu próprio caminho, a tal ponto são possíveis diversas interpretações das palavras e dos gestos do Nazareno. O comportamento de Paulo será quase o avesso do de Tiago de Jerusalém ou do de Mateus. Estes últimos se empenharão em não romper os laços com Israel, e os paulinos bradarão sua liberdade frente à Lei de Moisés, e mesmo, em certo aspecto, frente a todas as leis (1 Cor 10, 23).

Mas em nome do quê ou de quem Jesus podia chegar quase a subverter a própria revelação de Deus? A pergunta desemboca inevitavelmente na questão de sua própria identidade. Quem é ele, então? Desde o começo de seu ministério, a multidão vê a diferença entre ele e os escribas: "Eles ficavam surpresos com seu ensinamento, pois ele os ensinava com autoridade, e não como os escribas", e "Era um ensinamento novo, cheio de autoridade!" (Mc 1, 22.27). De fato, havia uma grande diferença em relação aos escribas que se limitavam a comentar a Torá e os Profetas, ou a repetir as palavras proferidas por seus antepassados. Um rabino (na época dizia-se "rabi") não fala em nome próprio, e sim em nome do escriba do qual recebeu seus ensinamentos. Ora, Jesus fala por conta própria, com plena autoridade. Quem era ele, pois, para ousar se exprimir dessa maneira?

Capítulo IV
Gestos libertadores

Jesus fez milagres? É correto chamá-lo de taumaturgo, de curandeiro, de exorcista? Tais são as frequentes perguntas que maravilham alguns e irritam outros. Alguns parecem muito ávidos de milagres ou de "sobrenatural", como se diz na televisão. E os outros, pelo menos desde o século das Luzes, não aceitam mais o milagre. Também alguns cristãos acham difícil entender os relatos evangélicos de milagres e preferem não falar muito a esse respeito, embora tais relatos ocupem um lugar importante nos evangelhos. De modo geral, nossos contemporâneos se assemelham às pessoas da época helenística, que também se sentiam divididas quanto aos numerosos prodígios relatados nas tradições gregas e orientais, onde o maravilhoso se expõe à vontade em locais de cura como Epidauro e outros. Os historiadores antigos como Tucídides, Políbio ou Plutarco são no mínimo reticentes sobre o fenômeno. Políbio (século III a.C.) chega a declarar: "Parece-me prova de uma tolice sem limites deter-se sobre coisas que são não apenas inconcebíveis para um espírito sensato, mas também absolutamente impossíveis... São coisas que servem para alimentar a devoção popular pelos deuses..." (*Histórias* XVI, 12). Por seu lado, o historiador judeu Josefo, no final do século I de nossa era, aceita os prodígios mencionados na Escritura, mas com uma certa tendência a encontrar uma explicação dita natural para eles. Por exemplo, os judeus de que fala a Escritura em *Êxodo* 14 teriam atravessado o mar Vermelho após uma grande seca... A ciência da época já tinha dificuldade em aceitar o extraordinário. No entanto, Fílon de Alexandria (de 19 a.C. a 40 d.C.) é mais confiante: "Esses fatos realmente insólitos e contra todas as expectativas são brincadeira para Deus" (*Vida de Moisés*, I, § 210). Para Deus tudo é possível. O que não impede que esse filósofo judeu procure um sentido mais profundo, pois o extraordinário como tal não tem nenhum significado.

Essas reticências de tipo intelectual, porém, não traduzem o sentimento da época no mundo popular e em camadas abastadas da população, quando por toda parte se intensificava uma ardente sede de salvação. Seguindo Benveniste, lembremos que a palavra grega *sôtéria* (salvação) designa etimologicamente a saúde física. Na época, numerosos peregrinos iam de Delfos a Epidauro, a Pérgamo e a outros locais para obter milagres. Nesse mundo largamente imbuído do judaísmo, compreende-se que uma questão referente à existência mesma dos milagres de Jesus deve levar em conta o contexto cultural. Seria preciso negá-los por completo? Ora, por mais surpreendente que possa parecer à primeira vista, os historiadores do N.T., digamos de todas as partes, admitem geralmente que o próprio Jesus se apresentou como curandeiro e exorcista ou, pelo menos, assim foi tomado por seu círculo. Citemos uma vez mais as palavras de Flávio Josefo: "Naquele tempo apareceu Jesus, um homem sábio...; era um fazedor de prodígios" (*Antiguidades judaicas*, XVIII, § 63 s). Examinemos agora o material, especificando o sentido que deve ser dado a esses gestos milagrosos segundo as Escrituras. A seguir poderemos abordar o tipo de linguagem usada na época para designar a ação libertadora de Jesus.

I. O milagre segundo as Escrituras

Na linguagem atual, o milagre geralmente designa um fato extraordinário, dito sobrenatural, realizado em violação ou infração das leis da natureza. Ora, quase todas essas palavras teriam surpreendido os antigos, em especial os judeus. A palavra "milagre" vem do latim *miraculum*, cujo radical significa ficar surpreso ou espantado. Ela é empregada na Escritura junto com outros termos, como os "altos feitos" de Deus (*Deuteronômio* 3, 24) ou suas "maravilhas" (*Êxodo* 15, 11). O sintagma "os sinais e os prodígios" designa a maneira de Deus conduzir os seus por entre os perigos, especialmente na saída do Egito; assim, no *Deuteronômio* 34, 10-12, em ligação com a figura do profeta Moisés: "Nunca mais se ergueu em Israel um profeta como Moisés, aquele que o Senhor... enviou para realizar todos esses sinais e todos esses prodígios". O sintagma "um profeta como Moisés" é uma referência a Dt, 18 15.18. Servirá mais tarde para designar o "Profeta que vem", isto é, o profeta dos últimos tempos (Mt 11, 3). No contexto cultural do século I, portanto, Jesus não seria reconhecido como um autêntico profeta a menos que, por sua vez, realizasse tais tipos de sinais e prodígios. Como Moisés, ele deve fazer milagres referentes à água e ao pão, dominando um outro mar Vermelho e distribuindo um novo Maná, em consonância com os relatos do *Êxodo* 14 e 16. Mais tarde, segundo os *Atos* de Lucas, a comunidade cristã, em suas preces, rogará a Deus que continue a obra libertadora de Jesus: "[Deus,] estende tua mão para que se realizem curas, sinais e prodígios em nome de Jesus, teu santo servidor" (Atos 4, 30). Jesus continua Moisés, e sua ação libertadora é sempre atual.

Na linguagem contemporânea, a palavra "prodígios" tem uma conotação depreciativa que não tinha outrora. Mas a palavra "sinal", que vem frequentemente associada à primeira, permite ressaltar a significação profunda dos gestos assim colocados, a saber, gestos que fazem sinal, gestos com os quais Deus faz sinal aos seus. O extraordinário, enquanto tal, pouco importa; o que importa é o sentido atribuído a esses gestos de libertação. O prodígio, em si, não significa nada. Não tem interesse a não ser como indício de uma realidade superior e mais profunda. Aliás, o evangelista João usa apenas a palavra "sinais" em seu relato (Jo 2, 11 a Canaã), e nunca a palavra "milagre". Isso já mostra uma certa depuração da linguagem cristã diante da exibição do prodigioso com que se comprazia o mundo helenístico naquela época. Para o homem bíblico, na verdade, todos os gestos de Deus, mesmo os mais anódinos, podem ser classificados como milagres devido à sua origem primeira, inclusive a chuva ou um trovão. Em certo sentido, tudo é milagre, na perspectiva de uma criação sempre em gestação. Pois o fiel não afirma apenas que Deus criou o mundo, no passado, e sim que Ele o cria no presente e sempre conduz o mundo. De certa maneira, esses gestos cotidianos de Deus são mais importantes do que os prodígios de um instante. Em suma, os fatos ditos naturais em nossa linguagem atual também derivam de Sua ação de potência, e o mesmo vale para os gestos que saem do curso ordinário para assinalar melhor Seu desígnio.

O A.T. pouco trata de milagres, exceto, especialmente, na saída do Egito, durante a travessia do mar Vermelho, à qual se segue o maná caído do céu (*Êxodo* 13-14 e 16). Na linguagem semítica repleta de imagens e símbolos, esses relatos querem significar que Deus se engajou pessoalmente no curso da história para criar o Povo eleito sob a direção de Moisés. São, digamos, milagres de fundação, assinalando que a nova empreitada deriva eminentemente do desígnio de salvação de Deus. Afora isso, não se fala de milagres, a não ser nos relatos sobre os gestos dos profetas Elias e Eliseu. Esses relatos lembram que Deus também se ocupa dos mais pobres, oprimidos pela miséria cotidiana, como a viúva de Sarepta (*1 Reis* 17) e Naamã, o Sírio, o estrangeiro leproso curado por Eliseu (*2 Reis* 5). Depois, salvo algumas exceções (como em *Josué* 10, 12-13, quando o sol se detém para permitir a vitória de Josué sobre seus adversários!), praticamente não se apresentam outros milagres, como se a palavra de Deus, divulgada pelos Profetas de Israel, agora fosse suficiente para prover a vida religiosa, sem o recurso intempestivo ao extraordinário.

1. **Jesus e os milagres da Escritura** – A linguagem da Escritura perpassa todo o N.T., e os gestos de salvação de Jesus também se apresentam como milagres de fundação, para significar na linguagem da época a existência de uma nova realidade de acordo com o desígnio de Deus. Ou ainda como gestos de identificação apontando o novo Moisés. Como Moisés, Jesus domina as águas e oferece um novo pão (Mc 6, 30-52 e paralelos; Jo 6, 1-15.16-21). A nova comunidade se funda sobre sua pessoa. Chegamos aí a uma antiquíssima tradição judaico-cristã, seguindo a sequência do pão e da água, uma sequência narrativa única, retomada pelos quatro evangelistas – e não apenas pelos sinópticos. Além

disso, os gestos de Jesus são análogos aos gestos de Elias e de Eliseu, para significar a bondade de Deus e de Seu Cristo diante dos doentes e dos mais necessitados. Esse gênero de pequenos milagres mostra que a salvação de Deus também passa pelo cotidiano e pela vida ordinária, graças à ação libertadora de Jesus. Este o declara ao retomar as palavras do profeta Isaías: "O Espírito do Senhor está sobre mim... para anunciar a Boa Nova aos pobres... proclamar aos prisioneiros a libertação, aos cegos a recuperação da visão, e para devolver a liberdade aos oprimidos" (Lc 4, 18). Tais relatos de milagre se multiplicam nos evangelhos, portanto, para expressar essa ação de uma salvação cotidiana. Encontra-se também um grande número deles nos *Atos*, num meio popular judaico-cristão já helenizado. Inversamente, Paulo, o teólogo, homem oriundo de um meio cultivado, quase nunca fala de milagres. Para ele, tal como para os antigos profetas de Israel, é a Palavra de Deus, no caso a Boa Nova do Ressuscitado, que agora opera a salvação, e não mais gestos provindos do maravilhoso. Com efeito, segundo a primeira tradição cristã, a ressurreição de Jesus nunca é designada como um milagre propriamente dito, mesmo que o evento pascal dê a palavra a uma nova confissão de fé e convide os fiéis a prosseguir a ação de libertação e salvação do Cristo.

Acrescentemos uma observação sobre a linguagem do milagre nos dois Testamentos. Os antigos, como os ecologistas de hoje, recusam-se a dissociar o homem do universo que o cerca. Ambos formam uma unidade, e o que afeta um atinge o outro. Assim, em linguagem bíblica, os gestos de Jesus atingem o homem em sua miséria e afetam também os elementos da natureza. Jesus dá alimento a uma multidão reunida no deserto e domina as águas então consideradas como local dos demônios. A salvação do homem vem acompanhada pela libertação do cosmo inteiro, como afirma Paulo em *Romanos* 8, 22-23.

2. **A ação libertadora de Jesus** – O evangelista Marcos apresenta catorze relatos de milagres, entre os 27 narrados nos quatro evangelhos. Esse número é relativamente considerável e atesta a importância desse tema evangélico. Segundo Lucas, após a morte de Jesus, os discípulos, indo para Emaús, comentam com um estranho encontrado no caminho a desilusão deles com o Nazareno, o qual, no entanto, consideravam como "um profeta poderoso na ação e na palavra perante Deus e perante os homens" (Lc 24, 19). Pois Jesus agia e falava. Ele anunciava a vinda próxima do Reinado de Deus e já inscrevia essa salvação na carne dos mais desfavorecidos.

Esses relatos assumem diversas formas. Pode ser uma evocação dos gestos que ressaltam a ação libertadora de Jesus, durante a cura dos doentes. Pode ser também a evocação de gestos que querem mostrar sua identidade revelada à luz das figuras de Moisés e de Elias. Como eles, e mais do que eles, Jesus é um profeta. Pode se tratar ainda de relatos vazados numa linguagem figurativa, que exprimem um pensamento que se pretende destacar, e não um determinado acontecimento a ser narrado. Vejamos alguns exemplos desse último tipo de relato. Seguindo o relato das três tentações de Jesus no deserto, narrado por Mt 4, 1-11 e Lc 4, 1-13, o Demônio transporta Jesus para o alto do Templo e depois para uma grande montanha. A cada vez que enfrenta a prova, Jesus invoca Deus. Recusa-se a fazer prodígios em benefício próprio. Recusa-se a transformar as pedras em pães para matar a fome, e, assim, recusa-se a se impor como um homem que detém todo o poder em suas mãos. Recusa os reinos deste mundo e não quer forçar a mão de Deus para escapar à morte. Na verdade, essas três tentações (em aramaico, a mesma palavra designa tentação e prova), desde o início do relato evangélico, dizem o que não são os milagres de Jesus. Seus gestos de cura não forçaram a mão de Deus nem as mãos dos homens. No caso, essas provas, vazadas na linguagem plástica e figurativa do mundo semítico, nada têm de maravilhoso. Esses relatos não derivam do milagre. Nem por isso deixam de ser históricos, pois declaram à maneira semita como a tentação do poder atravessou a vida de Jesus. Como diz o autor da Epístola aos hebreus: "Ele foi provado em tudo", sem ceder (He 4, 15). Poderíamos apresentar outros exemplos desse tipo de linguagem que usa o maravilhoso: é o caso do relato, ou melhor, da parábola da figueira seca (Mc 11, 11 s. 20 s e Lc 21, 29 s), sem falar da moeda encontrada na boca de um peixe (Mt 17, 24-27). Como se vê, esse tipo de relato deriva do maravilhoso na maneira de se exprimir, sem que sejam milagres propriamente ditos.

O caso dos relatos que pretendem, acima de tudo, significar a identidade profunda de Jesus também merece atenção. Retomemos o relato em que Jesus distribui pão em abundância para a multidão que se comprime à sua volta no deserto ou, ainda, o relato em que ele manifesta seu domínio sobre as águas caminhando sobre o mar (Mc 6, 30-52). Esses gestos o identificam diretamente com o profeta Moisés, e mesmo com algo muito maior do que ele. Pois foi Deus, e não Moisés, que distribuiu o maná no deserto no caminho do Sinai. Foi Deus também que, com o bordão de Moisés, fendeu as águas para que os hebreus andassem entre as ondas (*Êxodo* 14, 15 ss e 16, 1 ss). Aí também a linguagem da história e a linguagem do símbolo se entrelaçam intimamente, de tal modo que, para o leitor atual, a questão não é saber como isso aconteceu, e sim o que isso significa. Segundo a fé cristã, Jesus é quem deu e sempre dá o pão aos seus durante a Ceia. É ele quem domina todas as forças do mal, que, no imaginário semítico, tinham como sinal as águas do abismo. Tais tipos de gestos, eminentemente simbólicos, escapam ao instrumental de análise do historiador. Pois ele não pode negá-los *a priori* nem traçar historicamente seus contornos. Para lê-los, portanto, não nos lançaremos ao chamado campo dos acontecimentos para saber exatamente como se passaram, devido ao risco de reescrever uma "outra história", talhada segundo nossa conveniência. O exegeta de hoje, neste ponto preciso, evita uma dupla armadilha: de um lado, a de uma leitura dita racionalista que rejeita o relato como impossível, sem sequer perceber seu sentido real, e, de outro lado, a de uma leitura dita fundamentalista em que a preocupação com sua historicidade material chega a esquecer sua função simbólica. Em ambos os casos, ignora-se o tipo de linguagem então utilizada e apaga-se a função desses textos.

Os outros numerosos relatos de cura e exorcismo permitem uma investigação histórica mais precisa. Sua estrutura literária é simples, e o sentido é nítido. Vejamos o exemplo da cura da sogra de Simão Pedro ou a do leproso. Basta um gesto ou uma simples palavra: "Eu quero, fica purificado" (Mc 1, 29-32.41). Às vezes o gesto é surpreendente, à maneira dos taumaturgos judeus da época, como o cuspe e o barro nos olhos segundo João 9, 6. Os relatos de Mc 7, 31-37 e 8, 22-26 (a cura de um surdo-mudo e de um cego) parecem ainda mais extravagantes. Aliás, Lucas, ao reescrever Marcos, evita relatá-los a seus leitores gregos.

A estrutura de um relato de exorcismo é mais complexa, com expressões técnicas e uma série de procedimentos então correntes nos relatos de exorcismo judeus e helenísticos. De um lado, trata-se de curar; de outro, de afastar o mal, então identificado com espíritos ditos impuros, no sentido de maus (Mc 1, 23.26 s). Essas práticas nos situam claramente num mundo popular, o de Jesus, e não, de maneira alguma, no nível dos círculos cultivados fariseus ou essênios. Não existem milagres em Qumrân! E uma das intuições religiosas de Jesus não era a de atingir inicialmente o mundo dos pobres e humildes, com uma religião amplamente acessível às pessoas mais menosprezadas de sua época? A linguagem e os gestos de Jesus mergulham diretamente nesse meio popular, com suas crenças e práticas hoje consideradas estranhas.

Como Jesus, então, situava-se em relação a esses gestos surpreendentes? A resposta é múltipla, quase contraditória. Pode-se dizer, em primeiro lugar, que são gestos de bondade para com os doentes no plano físico e psicossomático, aqui pouco importa. O ponto tem sua relevância e é ressaltado pelo evangelista Lucas para seus leitores gregos. Pode-se também pensar em gestos que recusariam de antemão todas as formas de crença na fatalidade, sob o peso da Necessidade, como então se dizia. Pois o projeto de amor de Deus supera esse suposto Destino. Deus ultrapassa os limites da doença e da morte, e a vida tem a última palavra. Seriam, por um lado, gestos de protesto contra as potências astrais e outras que, na época, pretendiam encerrar o homem em si mesmo. "Pelo dedo de Deus", Jesus expulsa essas falsas potências e devolve a vida (Lc 11, 20). Da mesma forma, com o auxílio desses gestos libertadores, ele protesta contra uma certa observância rigorista do descanso do sabá, realizando nesse dia seu trabalho de cura (Mc 3, 4; Jo 5, 9 s. 16). Assim, o milagre se torna um gesto de protesto. Mas o motivo principal de tal ação se expressa em suas próprias palavras. Seus gestos são como a proclamação "em ato" de um reinado de Deus que está ali, próximo: "Se é pelo Espírito de Deus que eu expulso os demônios, é porque o reinado de Deus vos alcançou" (Mt 12, 28). Logo, Jesus não se contenta em anunciar a vinda próxima do reinado de Deus (Mt 4, 17), mas já a coloca concretamente em operação. O milagre se torna gesto de libertação em favor dos semelhantes, sendo o oposto de uma exibição do maravilhoso. Mas Herodes Antipas queria mais (Lc 23, 8), o que mostra a ambiguidade desses gestos.

3. **A ambiguidade do gesto milagroso** – O livro bíblico do *Deuteronômio* já chamava a atenção para este ponto: "Se surgir em teu meio um profeta ou um visionário – mesmo que ele te anuncie um sinal ou um prodígio, e que se realize o sinal ou o prodígio que ele te prometeu –, se ele te disser 'Vamos e sirvamos outros deuses'... tu não escutarás as palavras deste profeta" (Dt 13, 2-6). Assim, o que importa não é a existência ou inexistência de tais prodígios, e sim o sentido deles, pois se tornam inválidos se levam à idolatria. Jesus também saberá se desvencilhar dessa atração do maravilhoso. Ou, mais precisamente, ele aceita e ao

mesmo tempo recusa esse gênero de sinais. Pois, de um lado, são esses sinais que permitem identificá-lo em sua ação de salvação e, de outro lado, esses sinais permanecem sempre ambíguos. De um lado, Jesus se apresenta como o autêntico profeta de Deus. Na prisão, João Batista manda perguntar a ele: "Tu és Aquele que deve vir ou devemos esperar um outro?" E Jesus responde: "Ide anunciar a João o que ouvis e vedes: os cegos recuperam a visão, e os mancos andam, e os mortos se erguem, e os pobres são evangelizados" (Mt 11, 2-5). De outro lado, ele sabe muito bem que o gesto de cura não prevalece sobre a fé. Na parábola sobre Lázaro, o rico mau no inferno suplica a Deus que envie mensageiros a seus irmãos ainda vivos. E Jesus acrescenta: "Se não escutam Moisés nem os profetas, mesmo que alguém ressuscite dentre os mortos, eles não se convencerão" (Lc 16, 31). Cafarnaum e Bethsaida, os locais privilegiados de sua ação de salvação, acabam por recusá-lo (Mt 11, 20-24). E mais ainda, o milagre pode ser enganador: "Falsos messias e falsos profetas se levantaram e farão sinais e prodígios para confundir, se possível, os próprios eleitos" (Mc 13, 22).

Assim se compreende por que Jesus se recusa a fazer esse gênero de sinais a pedido de certos escribas: "Ele lhes respondeu: Geração má e adúltera que exige um sinal! Nenhum sinal lhe será dado a não ser o sinal do profeta Jonas", o profeta de um conto popular, tragado pelas ondas (Mt 12, 39). Para os evangelistas, de fato, Jesus apresenta sua própria morte como um sinal de contradição. Assim entende-se sua recusa em usar aqueles supostos sinais de potência para se impor, obrigando os outros a acreditar nele, o que seria um paradoxo. Jesus se nega a fazer milagres em Nazaré, porque seus próprios conterrâneos não têm fé nele (Mc 6, 6). Seguindo pelo menos a tradição joanita, ele chega a exigir dos seus uma fé sem o apoio crédulo de nenhum milagre: "Se não vísseis sinais e prodígios, então não acreditaríeis?" (Jo 4, 48). Na Paixão, diante de Herodes Antipas, o rei da Galileia, que tenta apresentá-lo como um rei de comédia, Jesus se nega a responder àquele que "esperava vê-lo fazer algum milagre" (Lc 23, 8). E morrerá na cruz enquanto os escribas exclamam: "Desce agora da cruz para que vejamos e acreditemos!" (Mc 15, 31-32). Como se vê, o milagre naquela época era um instrumento necessário para afirmar a identidade profética de Jesus, mas também um instrumento perigoso. Esses gestos corriam o risco de desviar para o fascínio do maravilhoso, apresentando Jesus como um super-homem, o que ele recusava inteiramente, sempre afirmando seu laço filial com Deus.

Além disso, como seus contemporâneos, Jesus reconhecia a ligação existente entre a doença e o pecado, entre a realidade da doença e o fato de um psiquismo degradado pelo pecado. O pecado opera uma ruptura da relação do indivíduo consigo mesmo, com o cosmo, com os outros e com Deus. No relato de Mc 2, 1-12 sobre o paralítico de Cafarnaum, a cura do doente está em parte ligada ao tema do perdão dos pecados. E ao mesmo tempo Jesus questiona essa ligação. Seus próprios discípulos o interrogam sobre um cego de nascença: "Rabi, quem pecou para que ele tenha nascido cego, ele ou seus pais? E Jesus responde: 'Nem ele nem seus pais'" (Jo 9, 2-3). Na linguagem atual, diríamos que Jesus laiciza a doença – o que o diferencia profundamente do mundo de sua época.

Sem dúvida cabe reconhecer também uma certa tendência dos evangelistas, sobretudo de Mateus e Lucas, a aumentar um pouco os acontecimentos narrados por Marcos. De certa maneira estavam num dilema: entre a vontade de engrandecer Jesus em sua força soberana e a realidade de sua morte aceita sem a intervenção prodigiosa de Deus. Mesmo assim, inclusive na diversidade das linguagens empregadas e para além de um possível engrandecimento lendário, os relatos evangélicos comprovam claramente que Jesus se apresentou como um curandeiro numa ação de salvação de acordo com sua palavra libertadora. Os primeiros fiéis não deixaram de invocar esse aspecto, para justificar a ação libertadora cristã nessas diversas modalidades. Mas quem era Jesus, então, para falar e agir dessa maneira?

Capítulo V

Em busca de sua identidade

"No caminho, ele interrogou seus discípulos: 'Quem sou eu, no dizer dos homens?' Eles lhe disseram: 'João Batista; para outros, Elias; para outros, um dos profetas'. E ele lhes perguntou: 'E vós, quem dizeis que sou?' Tomando a palavra, Pedro lhe respondeu: 'Tu és o Cristo'. E ele lhes ordenou severamente que não falassem dele a ninguém" (Mc 8, 27-30). É como se Jesus levasse o outro a dizer sua identidade, sem a declarar pessoalmente, e depois, uma vez enunciada essa identidade, em parte ele a recusasse. O historiador respeitará essa distinção. No campo de sua disciplina, não lhe cabe certificar a autenticidade teológica dos títulos atribuídos a Jesus e *a fortiori* demonstrar sua divindade. Ele pode apenas situar o uso deles entre as diversas comunidades cristãs e traçar sua história antes de desenhar com cuidado a figura do Nazareno. O historiador não se põe no lugar de Jesus, no íntimo de sua consciência, para desvendar a compreensão que ele tinha de si mesmo. Mas, em certa medida, o historiador pode reconhecê-lo pelo prisma das comunidades que abraçaram a fé, e assim ressaltar alguns traços surpreendentes que parecem manifestar particularmente a percepção de sua identidade. Dito isso, a conclusão de quem crê em Jesus será, evidentemente, diferente da de um agnóstico. Nem por isso o agnosticismo se torna um atestado de historicidade, e vice-versa. O historiador deve manter distância metodológica de suas convicções pessoais. Não se pode escrever história sem esse distanciamento crítico, nem, portanto, sem um certo senso de humor em relação a seu objeto de interesse.

Digamos desde já, e de acordo com inúmeros especialistas no assunto, que Jesus não atribui títulos a si mesmo, a não ser de maneira indireta e com a exceção da palavra "Filho", que usa de maneira surpreendente. Afora isso, ele deixa que os outros o designem, disposto a matizar tais formulações. Por vezes ele chega a recusar uma certa identidade messiânica, que alguns profetas da violência atribuíam a si mesmos, o que não impedirá que seja condenado com o título acusatório de "Jesus, o Nazareno, rei dos judeus" (Jo 19, 19).

Sem dúvida, no âmbito dos evangelhos construídos como profissões de fé, várias vezes temos a impressão de que ele atribui títulos a si mesmo diretamente. A comparação entre Marcos e Mateus, sob este aspecto, é interessante. Segundo Mateus, Pedro afirma em alta voz: "Tu és o Cristo, o Filho do Deus vivo", e Jesus concorda, lembrando-lhe que tal reconhecimento de sua identidade vem diretamente de Deus e não de uma constatação humana (Mt 16, 16-17). Ora, segundo Marcos, no discurso que acabamos de ler acima, Jesus reage severamente a essa identificação messiânica, e acrescenta em contraponto o inverso do que a ideologia messiânica propunha naquela época: "O Filho do Homem será rejeitado... morto" (Mc 8, 31-33). A crítica literária e histórica usualmente privilegia o relato de Marcos: Jesus instaura claramente uma distância entre a designação messiânica e a realidade do projeto de Deus em relação a ele. Essa apresentação se afigura mais sólida do que a de Mateus, onde o título messiânico é vigorosamente aplaudido (Mt 16, 16-17). Pois, nos anos 80, a Igreja judaico-cristã de Mateus dá grande destaque a esse título messiânico, devido à sua missão que tem como prioridade Israel.

Mas a situação se inverte no caso do comparecimento de Jesus diante de Caifás. Aqui é Mateus que parece refletir melhor a situação original, quando mostra Jesus se distanciando do título que pretendiam lhe atribuir. Em Marcos, perante o sumo sacerdote que lhe pergunta: "És o Messias, o Filho do Abençoado?", Jesus responde: "Sou" (Mc 14, 62), e a proclamação desta identidade messiânica, e sobretudo filial, está no cerne deste evangelho (ver Mc 1, 1.11 e 9, 7). Segundo Mateus, Jesus se contenta em dizer a Caifás: "Tu o dizes" (Mt 26, 64), no sentido de "és tu que estás dizendo, não eu!". Mais tarde, diante de Pilatos, ele formula a mesma resposta de aparência ambígua: "Tu és o rei dos judeus?, e Jesus responde: 'Tu o dizes'" (Mc 15, 2). Mais tarde, a reflexão cristã sobre Jesus, a cristologia, digamos, tentará conciliar esse afluxo de títulos que lhe são atribuídos pelas primeiras comunidades, por vezes um pouco contraditórios entre si. Ela também não esquecerá a aparente reticência de Jesus nas circunstâncias, como se nenhum outro título fosse mais plenamente conveniente para exprimir sua identidade ou sua função. Foi preciso um certo tempo até que o último autor do evangelho joanita reunisse na pessoa do "Verbo de Deus" sua imensa reflexão sobre um Cristo que reluz de beleza como os ícones gregos (Jo 1).

Significaria isso que é historicamente impossível alcançar a identidade primordial de Jesus, pois todos esses títulos vêm mais ou menos iluminados pela luz pascal? Aqui também trata-se de uma questão complexa, pois o reconhecimento de tal identidade se apoia não apenas sobre esses títulos, mas também sobre as palavras e os gestos de Jesus, que o historiador ainda consegue distinguir com maior ou menor precisão. Já frisamos o fato de que a incrível autoridade pessoal que Jesus atribuía a si mesmo colocava uma estranha questão a seus contemporâneos: "Ficaram espantados com seu ensinamento, pois ele os ensinava com autoridade" (Mc 1, 22). Esse ensinamento se baseava na Torá, isto é, na revelação divina. Ora, ele se punha à distância dela, como se estivesse no lugar d'Aquele que a enunciara: "E eu, eu vos digo" (Mt 5, 22 ss). Jesus chegava a ir ao Templo de Deus (Mc 13). Por fim, seus gestos de cura e seus exorcismos despertavam sérias questões: "Ele ordena aos espíritos impuros e eles o obedecem!" (Mc 1, 27). Não traz um demônio dentro de si (3, 22)? "Ele é louco", dizem seus próprios irmãos (v. 21). Quem é ele, então, este que ousa tecer um laço entre sua própria pessoa e o perdão do pecado, isto é, a obtenção da salvação? Quem pode perdoar, se não Deus? Daí a acusação de blasfêmia (2, 7). Em suma, a palavra e a ação de Jesus, mesmo captadas sem os engrandecimentos literários das tradições evangélicas posteriores, levantam a questão de uma cristologia dita implícita. Essa cristologia já vem carregada de uma alta compreensão de sua própria pessoa, logo reforçada por uma série de títulos cristológicos que lhe serão dados antes e, sobretudo, após a Ressurreição, no fragor da confissão pascal.

I. Os títulos cristológicos

Esses títulos são numerosos e relativamente diferentes, dependendo dos grupos judaico-cristãos e heleno-cristãos que os compuseram, cada qual à sua maneira. Vejamos os principais. Jesus é chamado de Rabi ou Mestre (Jo 1, 38); é o Profeta esperado (Mt 21, 22); o Servidor, o Justo e o Santo (Atos 3, 13-14); o Cristo (Mt 16, 16); o Filho de Davi (Mt 1, 1) e o Rei dos Judeus (Mt 27, 37); o Filho (Rom 1, 3) e o Filho de Deus (Mc 15, 39); o juiz escatológico (Atos 10, 42); o pastor ou o guardador de rebanhos (Jo 10, 11); e sobretudo o Senhor (Fil 2, 11). Cada uma dessas denominações reflete a maneira de captar sua identidade em função do meio cultural que a utiliza. Acrescentemos que uma mesma comunidade eclesial muitas vezes entremescla vários desses títulos. Assim caberia fazer uma dupla triagem, na verdade bastante difícil. Inicialmente cumpriria distinguir entre os títulos dados a Jesus durante seu ministério (Rabi, Mestre, o Justo, o Profeta e, dependendo do caso, o Messias ou o Filho de Davi) e os títulos certamente mais marcados pelo evento pascal (Cristo, Filho de Deus e Senhor). A seguir, cumpre reconhecer a insistência específica de cada uma das primeiras comunidades cristãs em sua maneira de decifrar a figura de Jesus. Mas comecemos por uma estranha expressão, um pouco deslocada, a designação de "Filho do Homem".

1. **O Filho do Homem** – Esta denominação surge amiúde no começo de alguma frase enunciada pelo próprio Jesus. Não é propriamente um título, e sim uma maneira semítica de designar a si mesmo. Ou ainda, em outras ocorrências, é uma maneira de se ligar ao personagem escatológico e transcendente de que fala o livro de Daniel (7, 13 s). De um lado, tem-se aí uma espécie de substituto do pronome pessoal *Eu*, que traz o eco de uma surpreendente designação de Jesus a si mesmo. Não

é um atributo ou um título que lhe seria dado por terceiros, pois somente Jesus o utiliza: "O Filho do Homem não tem onde repousar a cabeça", diz ele segundo Mt 8, 20. Isso significa que as diversas palavras evangélicas começando por *Eu* ou por essa menção ao Filho do Homem trazem o eco da compreensão que ele tinha de si mesmo. Mostremos exemplos onde ele define sua missão: "Vamos aos povoados vizinhos [de Cafarnaum] para proclamar o Evangelho, é para isso que *eu* saí [em missão]" (Mc 1, 38). "*Eu* vim chamar não os justos [os homens mais religiosos da época], e sim os pecadores [os incapazes de viver religiosamente]" (Mc 2, 17). E mais, Jesus usa a expressão aramaica *bar enasha* (Filho do Homem) para justificar seu comportamento: "O Filho do Homem não veio para ser servido, mas para servir" (10, 45); ou, ainda, para comentar uma ameaça mortal – "O Filho do Homem será entregue..." (9, 31). De outro lado, a mesma expressão evoca a ideia de um estreito vínculo entre ele e a figura transcendente do juiz dos últimos tempos, de que falava o livro de Daniel. Não que seja preciso pensar em uma identificação integral e imediata de Jesus com esse Filho do Homem escatológico ou esse juiz dos últimos tempos. Pois a identificação ainda virá com a vitória final de Deus, para além de todas as vicissitudes do dia: "Aquele que se envergonhar de mim, o Filho do Homem se envergonhará dele" (Mc 8, 38), e "Aquele que se declarar por mim diante dos homens, o Filho do Homem também se declarará por ele diante dos anjos de Deus" (Lc 12, 8). Essa convicção se expressa mesmo diante das autoridades religiosas que o acusam: "Vereis o Filho do Homem sentado à direita da Potência [Deus]..." (Mc 14, 62). Os que hoje se dizem juízes serão julgados quando chegar sua hora. Como se vê, o sintagma "Filho do Homem" soma a expressão de uma autêntica humildade à convicção do poder transcendente que virá a ter. A ambiguidade da expressão se torna explosiva. Todavia, sendo um pouco bizarra a ouvidos gregos, ela não viria a ser retomada mais adiante. Paulo não a usa para designar Jesus. Mesmo assim, ela continua ligada a antigas séries de palavras de Jesus, reunidas, entre outras, na primeira comunidade galilaica que iria recolher elementos da "tradição Q" (Mt-Lc, sem Mc). Vejamos as outras denominações.

2. **O Profeta** – O título de "profeta" também logo será esquecido. Os discípulos e a multidão o aplicam a Jesus. No caminho para Emaús, os dois viajantes lembram que "Jesus o Nazareno era um profeta poderoso na ação e na palavra" (Lc 24, 19). Mas a tradição cristã, mais tarde, evitará insistir neste tema, que o rebaixava demasiado ao nível de um simples profeta, como os de outrora. De fato, Jesus não o aplica a si, a não ser de maneira indireta: "Jesus lhes dizia: um profeta só é desprezado em sua pátria" (Mc 6, 4) e "não é possível a um profeta morrer fora de Jerusalém" (Lc 13, 33). O que não impede que as multidões exclamem no dia de Ramos: "É o profeta Jesus de Nazaré da Galileia" (Mt 21, 11). Na verdade, a palavra era singularmente ambígua na época. De um lado, desde o ano 6 de nossa era, pretensos reis ou messias tentavam se impor à multidão, e, de outro lado, desde o tempo do Batista, falsos profetas se apresentavam incessantemente como novos Moisés, capazes de refazer os sinais e os prodígios de outrora. Esses profetas, mais ou menos "messianizados", dependendo dos casos, eram rivais de Jesus e dos

primeiros fiéis (Mc 13, 22). Assim se entende a reticência dele e de seus seguidores.

3. **O Cristo e Messias** – O título de "Cristo", designando o ungido pela unção real, teve um destino mais glorioso, mas não menos ambíguo. Pois o título persistiria na tradição cristã, que iria purificar seu sentido, sem a marca virulenta de um messianismo político-religioso. Paulo fala frequentemente de Jesus Cristo, mas a palavra "Cristo", neste caso, perde sua função de um rei dominando um reino terrestre. Para o Apóstolo, "Jesus Cristo" se torna um simples nome próprio. Mas o que ele era antes, no meio judaico-cristão e no próprio nível de Jesus? Pois certos judeo-cristãos aguardavam manifestamente a vinda de tal reino, e daí a pergunta formulada no começo do livro dos Atos: "Senhor, é agora que vais restabelecer o reino para Israel?" (Atos 1, 6). A Igreja judaico-cristã de Mateus, em particular, põe em relevo os diversos títulos diretamente messiânicos de Cristo Messias (Mt 1, 16-18), de Filho de Davi (9, 27) e de Rei (2, 2), sem falar de uma genealogia segundo a qual Jesus, passando por José, seu pai designado por Deus, se inscreveria na linhagem real de Davi (Mt 1, 1 ss). Mas Jesus compartilhava dessa convicção messiânica? A questão tem sido longamente debatida pelos historiadores: Jesus retomou o título messiânico por conta própria? Não se pode excluir totalmente essa possibilidade, mas sem dúvida com algumas nuances. Pelo menos, durante seu julgamento, a acusação de Pilatos toca precisamente neste ponto, sob a capa irônica de "rei dos judeus". Na verdade, a questão não é saber se e até que ponto Jesus teria aceitado esse título, e sim como ele o assumiu. Segundo João, ele foge quando as

multidões querem torná-lo rei (Jo 6, 15). E ao mesmo tempo ele deve fazer os gestos messiânicos anunciados pelos Profetas (Mt 11, 4-5). Daí essa aparente contradição, historicamente carregada de sentido.

4. **O Filho de Deus** – Os títulos de "Filho" e "Filho de Deus" colocam um certo problema, pois são relativamente comuns na época, mas com sentidos variáveis, dependendo do caso. A expressão podia se aplicar a Israel (*Êxodo* 4, 22), aos justos que são objeto da proteção divina (*Sabedoria* 2, 17-18), a Davi e sua descendência com uma conotação messiânica (*Salmo* 2, 7) e mesmo aos anjos. Além disso, as moedas com efígie dos imperadores romanos traziam as palavras "Filho do divino", e o culto imperial usava essa insígnia, principalmente a partir de Nero. Isso mostra como o uso da expressão podia assumir diversos sentidos, nem sempre qualificando a filiação em questão. Ora, Jesus, sem se atribuir diretamente o título de "Filho de Deus", devia se situar continuamente como um Filho diante d'Aquele que designava como seu Pai, e isso de maneira bastante singular. Com efeito, ele emprega a palavra aramaica "*Abba*", que, sobretudo no uso popular, corresponde quase ao apelativo familiar "papai" (Mc 14, 36). Certamente a palavra também podia ser utilizada para designar Deus no judaísmo rabínico (de fato, as raras comprovações disponíveis datam do século IV de nossa era), mas desconhece-se esse uso do termo, sobretudo em preces. Ora, é justamente isso que caracteriza Jesus em seu diálogo com Aquele a quem chama de "Pai" (Mt 11, 25 s; Lc 10, 21). Por conseguinte, ele vem a se designar "Filho" num sentido muito particular, como na frase que diz: "Tudo me foi

dado por meu Pai. E ninguém conhece o Filho, a não ser o Pai..." (Lc 10, 22). Tal apelativo de insólita pretensão é retomado por Paulo (Rom 1, 3). Ele reaparece nos outros meios cristãos, como na tradição joanita. Isso mostra sua antiguidade, desvendando claramente a identidade de Jesus. O próximo título também traz muitas questões.

5. **O Senhor** – O título de "Senhor" (em grego *Kyrios*) seria adotado sobretudo por Paulo e algumas igrejas paulinas (ele se encontra em Lucas, mas pouco aparece em Marcos). A Igreja judaico-cristã de Mateus o emprega apenas no vocativo (*Kyrie*), por exemplo no início de uma prece. Quanto a Jesus, parece não o ter utilizado, a não ser de maneira indireta com uma referência à Escritura (Mc 12, 36). Ora, aqui também o termo pode ter várias conotações: quando é aplicado ao dono de uma casa ou quando é atribuído a Deus pelos judeus de língua grega, sem falar da designação dos vários senhores divinos do mundo helenístico, como o Senhor Dioniso. O título, portanto, era corrente na época, e até um pouco deturpado. Junto com o título de "Filho" ou de "Filho de Deus", é um dos mais importantes usados pelos evangelistas. Aí também aflora aquilo que a tradição cristã posterior vai chamar de divindade de Jesus. Ora, já antes de Paulo, muitos judeo-cristãos de língua grega não hesitavam em atribuir esse título de excelência a Jesus, aliás retomado da antiga tradução grega da Bíblia (dita *Septuaginta*), quando nomeava o Deus de Israel. Mas a questão se torna um pouco mais complicada no âmbito das antigas comunidades judaico-cristãs de língua aramaica, conhecidas dantes e depois de Paulo. Pois o grego *Kyrios* é uma tradução de

seu equivalente aramaico *Mar*. Esta palavra pode designar o dono de uma casa ou se aplicar a Deus, o Senhor e Dono do mundo. Os documentos aramaicos descobertos em Qumrân dão alguns exemplos. Ora, essa palavra já aparece antes de Paulo, quando ressoa o primeiro grito cristão lançado no dia da Ressurreição: "*Marana Tha*", Nosso Senhor, vem! Jesus é o Senhor, proclamavam os fiéis, ao risco de usarem um título aplicado inicialmente ao Deus das Escrituras.

Coloquemos a pergunta: o N.T. alguma vez chama Jesus pelo nome divino, pelo nome de Deus? A resposta é afirmativa, mas com algumas nuances. De um lado, os fiéis de língua grega, seguindo principalmente as tradições paulinas e joanitas (Fil 2, 6-11; 1 Cor 8, 6 e Jo 1, 1 s; 10, 33; 20, 28), não hesitam em atribuir esse título a Jesus, de maneira mais ou menos direta. De outro lado, os judeo-cristãos de língua semítica evitam acoplar o nome divino ao nome de Jesus, para não colocar em risco o monoteísmo radical de Israel. Isso não os impede de designar sua inefável pessoa como superior a Moisés e aos anjos, a ponto de sua figura "funcionar" para além de todas as figuras humanas. Salvaguarda-se o monoteísmo, e o mistério de Jesus permanece em aberto, tal como o nome indizível do Deus do *Êxodo* (3, 14; Jo 8, 58). A designação de Filho de Deus, no sentido mais carregado desse título, prevalecerá em todas as Igrejas.

Capítulo VI
A cruz

Por que, por quem e como Jesus de Nazaré foi condenado e crucificado no jardim do Gólgota? Desde algumas décadas, as respostas a essas perguntas se esclareceram de maneira notável, resultando num consenso exegético que, no entanto, não exclui sensíveis variantes entre os especialistas. Vejamos inicialmente alguns dados gerais, antes de especificar os momentos principais do caminho da cruz, como diz a tradição cristã.

I. As fontes literárias e arqueológicas

A documentação proveniente das fontes não cristãs praticamente não se alterou nestas últimas décadas, mas a investigação literária e histórica dos textos evangélicos se tornou mais precisa e a documentação arqueológica atualmente está muito renovada. É desnecessário voltar ao "Testemunho flaviano" do historiador Josefo, mencionando Pilatos e a condenação romana de Jesus pela crucificação (p. 25). Os responsáveis teriam sido os "primeiros dentre nós", uma expressão popular para designar acima de tudo as autoridades judaicas, os sumos sacerdotes e os notáveis. O segundo documento provém do historiador romano Tácito, por volta do ano 120 de nossa era. Depois do incêndio de Roma, "Nero apresentou como culpados... indivíduos... que a multidão chamava de cristãos. Esse nome lhes vem de Cristo, que, sob o principado de Tibério, o procurador

Pôncio Pilatos tinha entregue ao suplício" (*Anais* 15, 44). Destaca-se novamente o nome de Pilatos com o título de procurador. Na verdade, seu título exato era prefeito. A descoberta de uma inscrição em pedra, encontrada em 1961 no teatro de Cesareia marítima, comprova: "Pontius Pilatus praefectus". Mais tarde, na época do imperador Cláudio, em 46 d.C., o governador da Judeia receberá o título de procurador: daí o anacronismo de Tácito, retomado na tradição cristã.

Graças à renovação da documentação arqueológica, agora é possível narrar com relativa precisão o itinerário e as modalidades da crucificação. Aqui destacaremos apenas um ponto. Foram feitas importantes escavações na "Torre de Davi", a oeste da Cidade Antiga de Jerusalém, perto da porta de Jafa. Esse antigo palácio de Herodes, o Grande, a partir do ano 6 de nossa era tornou-se o palácio do prefeito, dito Pretoria. Antigamente situava-se esse palácio em Antonia, uma fortaleza situada a noroeste do átrio do Templo, onde mais tarde Paulo seria encarcerado (Atos 21, 34). O ponto é interessante, pois coloca diretamente em questão o antigo caminho da Cruz, somente a partir da Idade Média conhecido pelo nome de *Via dolorosa* (partindo de Antonia e indo até o Santo Sepulcro). O itinerário autêntico da Paixão, portanto, saía da praça da Pretoria, onde Pilatos condenou Jesus de manhã cedo, e descia até uma das portas existentes no "segundo muro" no norte da cidade. O traçado dessa segunda muralha ainda é incerto, mas conhecem-se duas portas, sendo que uma delas, a oitenta metros do Santo Sepulcro, ainda é visível do hospital Alexandre, mantido por irmãs de rito grego.

Agora especifiquemos a documentação cristã. O fundamental se baseia nos quatros evangelhos, geralmente concordantes entre si a partir da prisão de Jesus (Mc 14, 43 ss; Mt, 26, 47 ss; Lc 22, 47 ss e Jo 18, 2 ss). O relato de base, que vai da prisão de Jesus até seu túmulo aberto (Mc 14, 1 a 16, 8), certamente constitui uma das peças literárias mais arcaicas do Novo Testamento, transmitida de início por via oral, e depois por escrito. É um raro documento da Antiguidade narrando um relato histórico detalhado e cronologicamente disposto num leque de poucas horas. O ponto é ainda mais curioso porque esse relato versa sobre um fato unanimemente considerado horrível: a crucificação é o castigo reservado aos escravos, aos agitadores estrangeiros ou aos prisioneiros de guerra. A menos que se queira zombar como Plauto (*Mostellaria* 359-360), esse gênero de história era incorreto na época. Os fiéis, porém, colocarão essa lembrança no próprio centro de sua fé.

Marcos retomou a tradição e fez uma introdução a ela, antes de incluí-la em seu evangelho. Por sua vez, e cada um por si, Mateus e Lucas reescreveram o texto de Marcos, adaptando-o a seus próprios destinatários. Acrescentaram outros elementos transmitidos em suas respectivas tradições. Assim, Mateus traz como elementos próprios: a conversa entre Judas e os sumos sacerdotes (Mt 27, 3-10), a intervenção da mulher de Pilatos (27, 19), a abertura dos túmulos (27, 52-53), a guarda do sepulcro (27, 62-66). Lucas, por sua vez, cita: o comparecimento de Jesus diante de Herodes Antipas (Lc 23, 8-12), as carpideiras (23, 27-31), o bom ladrão (23, 39-43), a última prece de Jesus e o arrependimento da multidão (23, 46.48). Este evangelista não faz menção a um processo noturno de Jesus perante as autoridades judaicas. E em João, ainda mais, menciona-se apenas um julgamento romano. Jesus certamente devia comparecer à noite perante o antigo sumo sacerdote Anás, que então não tinha mais jurisdição oficial, e depois perante seu genro Caifás, o sumo sacerdote em exercício. Esses encontros noturnos sem dúvida desempenharam um papel essencial no andamento das operações, sem que se possa, porém, classificá-los como um processo judaico propriamente dito. Especifiquemos os elementos.

II. O processo de Jesus e a responsabilidade judaica

1. **O processo romano de Jesus** – Jesus foi condenado duas vezes, como afirmariam Marcos e Mateus, ou apenas uma vez, principalmente segundo João? Alguns historiadores continuam a falar em dois processos seguidos, segundo Mc 14, 53 ss e 15, 1 ss, a saber: o processo judaico perante o Sinédrio realizado durante a noite, por razões religiosas, e depois um julgamento romano por razões políticas. A maioria dos especialistas atuais, no entanto, concorda que houve apenas um processo, realizado perante Pilatos – o que não eliminaria a iniciativa das autoridades religiosas para o desencadear do episódio. João menciona somente uma condenação perante Pilatos, mesmo que antes Jesus tenha sido interrogado fora do tribunal pelos sumos sacerdotes (18, 13 ss). Por fim, Lucas (22, 54 ss) fala de uma sessão do Sinédrio, mas somente de manhã, pouco antes do julgamento de Pilatos; não se trata de uma condenação judaica propriamente dita. Aliás, mesmo em Marcos, os judeus do Sinédrio condenaram Jesus "como merecendo a morte" (14, 64), e não: eles o condenaram à morte.

Como se vê, a situação é bastante complexa. Dois processos em seguida parecem historicamente pouco prováveis, se não impossíveis, como se os romanos fossem apenas homologar os humores religiosos dos chefes do Templo. Certamente não era este o caso na época. Por outro lado, uma sessão oficial de um tribunal judeu durante a noite violaria todas as interdições, e isso bem no momento em que começava a festa da Páscoa judaica. Mais ainda, um julgamento com condenação à morte é ainda menos verossímil porque as autoridades judaicas não tinham mais "o direito de gládio" desde a dominação romana da Judeia, como João lembra explicitamente: "Não temos o direito de condenar alguém à morte" (18, 31), e Flávio Josefo afirma o mesmo (*Guerra dos judeus*, II, § 117). A esse respeito, não se deve confundir esse direito com linchamentos sem processo, como o de Estevão (Atos 7, 55 s), nem com um abuso de poder do sumo sacerdote, que aproveitaria a ausência do governador romano, como foi o caso com Tiago de Jerusalém no ano 62. *A fortiori*, esse direito de gládio é diferente de uma morte imediatamente imposta ao estrangeiro que ousasse pisar o interior do Templo. Em 1871, Charles Clermont-Ganneau descobriu a seguinte inscrição, advertindo o delinquente pagão: "Nenhum estrangeiro pode entrar no interior da balaustrada e da cerca que circundam a esplanada do Templo; seguir-se-á a morte de quem for apanhado".

Por outro lado, não conhecemos o direito judeu que regia os processos realizados perante o Sinédrio naquela época. A *Mishná* em seu tratado *Sinédrio*, redigido no final do século II de nossa era, apresenta regras precisas nessa matéria. Mas esse direito vem marcado pela influência tardia dos rabinos de linhagem farisaica, ao passo que, antes do ano 70 de nossa era, esse tribunal era da alçada dos sacerdotes e dos notáveis saduceus. Portanto, não se pode aplicar automaticamente essas regras jurídicas posteriores e um pouco ideais ao caso específico de Jesus. De fato, são os sacerdotes do Templo, de observância basicamente saduceia, que têm a responsabilidade pelos acontecimentos. São eles que, às pressas, apresentam o caso de um pretenso agitador ao tribunal de Pilatos. Ora, durante o período das festas, entre elas a Páscoa judaica, os dirigentes romanos se empenhavam em sufocar qualquer movimento impetuoso da multidão, eliminando os agitadores. Jesus foi considerado um deles.

Mas Pilatos não deveria ao menos respeitar as regras do direito romano? O ponto não o perturbaria muito, pois se tratava de um autóctone, um não cidadão romano, ou seja, alguém que, aos olhos dos romanos, não passava de um estrangeiro residente em sua própria terra. Pilatos não precisava se preocupar com regras jurídicas, ainda mais porque, segundo o que lhe diziam, Jesus estava perturbando a ordem pública. Aqui não cabe o Direito que rege o processo de um cidadão romano. O julgamento é *extra ordinem*, e tudo se dá em poucas horas, sem se levar em conta o início do período festivo da Páscoa judaica. Os evangelhos trazem as ressonâncias de um processo rápido, e mesmo atabalhoado, para se livrar o mais rápido possível de um real ou eventual agitador.

2. **A responsabilidade romana e judaica** – Quem é responsável? A pergunta é delicada, e a resposta continua a ter nuances. De um lado, é evidente a responsabilidade de Pilatos, e, ao mesmo tempo, constata-se o relativo silêncio das primeiras tradições cristãs a

este respeito. Pois, para os cristãos, logo espalhados por todo o mundo romano, era importante não parecer rebeldes diante da autoridade imperial. As comunidades procuravam a paz, apesar das acusações de Nero após o incêndio de Roma (no ano 64). Certamente não esquecem a responsabilidade de Pilatos, mas não recusam a autoridade romana em geral. De outro lado, a responsabilidade judaica parecia igualmente flagrante, e houve até a tendência de acentuar seus traços. Ela se expressa principalmente em Marcos e Mateus, dando a impressão de oficializar a intervenção dos sumos sacerdotes no quadro de um processo judaico nas devidas formas da lei. Marcos chega a falar de "todo o Sinédrio" que teria se reunido com seus 71 membros (Mc 14, 55; 15, 1), mas Lucas evita essa generalização de aparência polêmica (Lc 22, 66). Daí surge essa estranha impressão de dois processos sucessivos, apenas em Marcos e Mateus.

É possível definir as responsabilidades em questão, sendo o mundo judaico tão diversificado e até fragmentado? Os judeo-cristãos que se pretendiam eminentemente judeus acusaram sobretudo as autoridades do Templo. Neste caso, a disputa se situa entre judeus: entre os que reconhecem a fé em Jesus e os que não a reconhecem – e não entre a Sinagoga e a Igreja, como se dirá mais tarde. Além disso, mesmo nos evangelhos, nem todos os judeus são acusados, mas apenas os chefes religiosos: "Os sumos sacerdotes, os anciães e os escribas" (Mc 14, 43.53; 15, 1). Este é o trio que reaparece continuamente no mais antigo relato da Paixão segundo Marcos, e sem menção direta ao grupo religioso e também laico dos fariseus. Os sumos sacerdotes comandam o jogo. O mesmo se dá no caso da execução de Tiago de Zebedeu (Atos 12, 2), e depois de Tiago irmão de Jesus no ano 62, como declara explicitamente Flávio Josefo (*Antiguidades judaicas*, XX, § 200). É verdade que algumas vezes Jesus enfrentou os fariseus, esses observantes de uma rigorosa pureza ritual (Mc 2, 16.18.24; 3, 6; 7, 1-5; 10, 2). Mas também concordava com eles em vários pontos (o tema da providência divina e o da ressurreição dos mortos). De fato, são relativamente próximos entre si, mesmo em suas discussões, e mais tarde fariseus protegerão os primeiros fiéis contra os saduceus (Atos 5, 17 s e 34 s). O ponto é importante, quando se sabe que o judaísmo atual se inscreve basicamente na linhagem de uma tradição farisaica. Dito isso, deve-se reconhecer que, desde cedo, a tradição cristã estendeu sensivelmente a responsabilidade pela morte de Jesus a todos os judeus que não o reconheciam. Os escribas de observância farisaica foram especialmente visados depois da sangrenta provação sofrida com a destruição de Jerusalém no ano 70, pois, como os outros movimentos religiosos foram dissolvidos, os fariseus se tornaram praticamente os únicos adversários dos fiéis. Mateus não hesita mais em nomeá-los em seu relato da Paixão, em lugar dos escribas mencionados por Marcos (Mc 15, 1 e Mt 27, 62). Esse evangelista judeo-cristão chega a enfatizar a responsabilidade de seu próprio povo (Mt 27, 25). Lucas, por sua vez, prefere evocar a palavra de perdão de Jesus na cruz, acompanhada pelo arrependimento da multidão (Lc 23, 34.48). Antes da redação dos evangelhos acima citados, já nos anos 51-54, Paulo também iria apontar a responsabilidade das autoridades judaicas naquelas circunstâncias: "Aqueles que mataram o Senhor Jesus e os profetas, eles também nos perseguiram" (1 Tal 2, 15 e Atos 2, 23.36; 3, 13-15; 5, 30.32). Mas o apóstolo estende a responsabilidade a todas as autoridades deste mundo que não reconhecem Jesus: "Nenhum dos príncipes deste mundo a conheceu [a saber, a sabedoria de Deus que está em Cristo], pois, se a tivessem conhecido, não teriam crucificado o Senhor da glória" (1 Cor 2, 6.8). Em outros termos, o que está sob acusação é o pecado dos homens, sejam quem forem. Infelizmente, tal convicção não impediu que certos movimentos antissemitas se baseassem indevidamente no relato da Paixão, na medida em que as reações antissemitas de Pilatos e dos soldados realmente devem ter pesado contra o próprio Jesus. Desde cedo, no século II de nossa era, a Igreja lutará contra Marcião e seu virulento antissemitismo. Nem sempre será assim.

III. A sequência dos acontecimentos

1. **A prisão** – A prisão de Jesus pode ser descrita com uma certa precisão a partir de Marcos (14, 43-52). É mais difícil expor as razões que levaram a ela, pois tocam diretamente a identidade e a ação do Nazareno. A cena se desenrola em "um jardim, adiante do riacho do Cedron" (Jo 18, 1), no monte das Oliveiras (Mc 14, 26). O local se chama Getsêmani, em aramaico *Gat Shemanin*, significando prensa de azeite. A área é grande, e durante as festas a cidade de Jerusalém (com cerca de trinta mil habitantes) despeja nessas cercanias uma multidão de peregrinos que não têm onde se hospedar – cerca de 125 mil, ao que se diz. Segundo Marcos, um grupo "armado de espadas e bastões" (14, 43) vem prender Jesus. É de noite, e eles usam lanternas e archotes (Jo 18, 3). Não são soldados roma-

nos, que em tais circunstâncias não costumavam usar bastões. Sem dúvida, estando na fortaleza Antonia, poderiam ter intervindo facilmente com suas armas, mas um perturbador da ordem pública teria comparecido diante de um oficial romano, e não perante as autoridades judaicas. Aliás, Marcos especifica que o grupo foi enviados pelos "sumos sacerdotes, pelos escribas e pelos Anciães" (Atos 14, 43). Os adversários de Jesus são, em primeiro lugar, os sumos sacerdotes, cercados de uma polícia que não gozava de boa fama, como lembra um antigo texto rabínico: "Ai de mim, por causa da família dos sumos sacerdotes. Ai de mim por causa de suas lanças... São sumos sacerdotes, seus filhos tesoureiros do Templo, seus genros guardiões e seus servidores espancam o povo com bastonadas!" (*Tosefta Menahot* 13, 21). No entanto, segundo João (18, 3.12), seria uma legião romana, o que é espantoso, pois não se deslocam seiscentos homens para fazer uma prisão! Talvez o evangelista quisesse ressaltar a responsabilidade romana no caso, pelo menos por ter deixado os membros do Templo executar o serviço. Pois todos estavam de sobreaviso e talvez com algumas armas, inclusive alguns discípulos (Lc 22, 38). Houve confrontos durante a prisão: "Um dos que estavam lá, tendo desembainhado sua espada, atingiu o servidor do sumo sacerdote e lhe cortou a orelha" (Mc 14, 47), o que era grave, visto que uma mutilação dessas o incapacitava para servir no Templo. Em seguida, João dá os nomes dos protagonistas, sendo Pedro a cortar a orelha direita de Malco (18, 10). Em suma, Jesus não aceita ser identificado com um "fora da lei" (Mc 14, 48) e não recorre à força: "Guarda tua espada pois todos os que tomam a espada morrerão pela espada" (Mt 26, 52).

O papel de Judas no caso não parece claro. O homem e seu pai tinham o sobrenome de Iscariotes, isto é, "o homem de Quiriate", nome de um povoado (Jeremias 48, 24; Jo 6, 71). Qual é sua culpa? Ter guiado a tropa durante a noite? Mas Jesus não estava escondido (Mc 14, 49). Qualquer policial poderia localizar Jesus e os seus, sem ser necessário pagar um guia (14, 11). Mas Mateus insiste sobre este último aspecto, ampliando um texto extraído de *Zacarias* 11, 12, para mostrar como esse pagamento era irrisório e sobretudo infamante: "trinta moedas de prata" é o preço de um escravo (Mt 26, 14-15; *Êxodo* 21, 32). A tradição cristã também insiste sobre o papel de Judas, e não se inventa um traidor à toa. Judas renega e beija Jesus. Essa demonstração usual de respeito de um discípulo em relação a seu mestre se torna aqui o sinal de reconhecimento de sua ruptura (comparar com 2 *Samuel* 20, 9-10). Outros discípulos, entre eles Pedro, deviam abandonar Jesus (Jo 6, 66; Mc 14, 66-72). Judas não é o único, mas, à diferença dos outros, ele se envolveu de alguma maneira num projeto que atingia a própria vida de seu mestre. O que não impedirá que os gnósticos do século III lavem sua memória no *Evangelho de Judas*.

2. **Durante a noite** – A prisão de Jesus é seguida por uma série de acontecimentos difíceis de acompanhar com exatidão. Segundo João, Jesus foi primeiramente arrastado até a presença do antigo sumo sacerdote Anás. Este não estava mais em exercício, o que significa que as acusações que levantaria contra Jesus não tinham um caráter jurídico. Jesus nem mesmo lhe responde (Jo 18, 19-21). A seguir, o comparecimento diante de Caifás é evocado apenas de passagem (Jo 18,

24), à diferença dos Sinópticos que trazem um relato um pouco mais extenso (Mc 14, 53-65). Note-se que os evangelistas parecem informados principalmente sobre aspectos externos a esses comparecimentos, como, por exemplo, a negação de Pedro (Mc 14, 66-72). Por outro lado, eles reúnem brevemente alguns ecos do que lhes chegou a respeito desses sucessivos comparecimentos, de maneira que são englobados no aparente quadro de um processo judaico na devida forma da lei.

Especifiquemos melhor alguns pontos, não sobre a sequência um pouco obscura dos acontecimentos durante a noite, mas sobre os protagonistas envolvidos e as razões alegadas contra Jesus. Anás tinha sido nomeado sumo sacerdote por Quirino, o legado da Síria, após a destituição de Arquelaus, um dos filhos de Herodes, o Grande, no ano 6 de nossa era. Ele exerceu seu pontificado até o ano 15. Depois, cinco filhos e um de seus netos foram nomeados para o cargo, até o ano 65. Antes disso, seu genro José Qayyafa (foi descoberto um nome semelhante num ossuário da época de Herodes) ocupou o cargo entre 18 e 37, quando seus cunhados foram depostos. Pois os sumos sacerdotes eram nomeados pelo prefeito romano, que os trocava facilmente a preço de ouro. Mas Caifás era um político sagaz e muito rico. Quanto a Pilatos, que abordaremos mais adiante, é um militar da cavalaria, que foi prefeito da Judeia de 26 até 36 ou começo de 37. Vitélio, o legado da Síria, então o enviou a Tibério, para se explicar perante o imperador devido a um massacre dos samaritanos, que ele havia comandado no ano 36. Os antigos autores judeus falariam muito mal dele, como Flávio Josefo, a partir de fatos específicos desagradáveis (*Guerra dos judeus*, II, § 169-77), e Fílon de Alexandria, de uma maneira mais geral. Este último cita um relatório ao governo romano, mencionando "suas brutalidades, suas violências, suas rapinas, suas maldades, suas torturas, a série de execuções sem julgamento, sua assustadora crueldade sem fim" (*Legatio ad Caium* [Calígula], § 302-303). De fato, Pilatos tinha sido nomeado para esse cargo por um certo Sejano, o braço direito de Tibério, conhecido por seu extremo antissemitismo. Pilatos o imitará, e o ponto é importante na Paixão, com duas consequências: de um lado, o prefeito tergiversa para irritar as autoridades do Templo, que não lhe agradam, e de outro lado permite a livre vazão da crueldade dos soldados (tropas auxiliares, muito hostis aos judeus), para melhor zombar do "rei dos judeus". O antissemitismo operou contra Jesus.

As razões da prisão de Jesus pelas autoridades do Templo são sensivelmente diferentes das alegadas diante de Pilatos, sem que isso signifique que, num caso, fosse um motivo exclusivamente religioso e, no outro, um motivo político. Na época, o político e o religioso andavam praticamente juntos. De qualquer forma, um aspecto os une: aos olhos de quase todos, Jesus era um agitador, o que já era suficiente para eliminá-lo. Entremesclam-se outras razões mais precisas, sem que nenhuma se destaque em especial, exceto a apresentada na ata de acusação, a saber, o título da Cruz: "Jesus, o Nazareno, rei dos judeus" (Jo 19, 19; Mc 15, 26). A questão é muito importante. Refere-se a toda a vida de Jesus, à sua identidade e à sua ação. Ou seja, teria a prisão resultado das ligações de Jesus com João Batista, condenado à morte por Herodes Antipas por agitação, segundo Flávio Josefo (*Antiguidades judaicas*, XVIII, § 116-119)? Mas o caso já parece distante. Então teria sido por causa de sua estranha atitude em relação à Lei, ou, mais ainda, devido às suas pretensões messiânicas, à sua crítica ao Templo, sem falar do vínculo inadmissível que ele pretendia ter com seu Deus? Mas, de hábito, um prefeito romano recusava acusações puramente religiosas. Essas diversas pistas têm seu valor, mas sem dúvida deve-se privilegiar as duas ou três expostas a seguir.

Quanto às autoridades religiosas, a atitude de Jesus em relação ao Templo é escandalosa. Pois a crítica vai além de uma simples reforma do Templo. Jesus votou essa maravilha da arquitetura, que mal ficara pronta na época, à "abominação da desolação" (Mc 13, 14 retomando *Daniel* 11, 31), isto é, à mácula radical, se não à completa destruição. E mesmo sua ação intempestiva no Templo não deixaria os sacerdotes indiferentes. Pois, num momento, ele chegou a bloquear a venda dos animais que, no entanto, eram necessários aos sacrifícios (Mc 11, 15-17, e em especial Jo 2, 14-22, apresentado no começo de seu relato para lhe reforçar ainda mais sua importância). O episódio certamente chegou aos ouvidos dos sumos sacerdotes e dos escribas (Mc 11, 18). Daí a acusação levantada contra ele, e que repercute, certamente com algumas alterações, no contexto que hoje conhecemos como o processo judeu de Jesus: "Nós o ouvimos dizer: eu destruirei este Templo feito pela mão do homem e, em três dias, construirei um outro que não será feito pela mão do homem" (Mc 14, 58). Jesus recusa o Templo, tal como ele é. Sem dúvida Marcos acrescenta que as testemunhas divergiam a esse respeito (14, 59). São falsas testemunhas, isto é, na linguagem da época, testemunhas que têm falsidade no coração, e não obrigatoriamente testemunhas que inventam a acusação. A atitude de Jesus em relação ao Templo parece, de fato, bastante complexa. De um lado ele o frequenta e ensina sob suas arcadas, como os escribas da época, e de outro lado marca sua grande distância em relação aos sacerdotes, nunca participando dos sacrifícios sangrentos, ditos de comunhão. E vai além, anunciando sua destruição (Mc 13, 2). Outros profetas em Israel também já tinham anunciado a ruína do Templo, principalmente Jeremias (26, 6-18). Foram expulsos ou mortos (ver *2 Reis* 9, 7-8). Pouco antes da ruína do Templo, Flávio Josefo lembra o caso de um camponês que começou a gritar em plena Jerusalém: "Voz [essa palavra também designa o trovão devastador] do Oriente, voz do Ocidente... voz contra Jerusalém e contra o Templo... voz contra todo o povo". O homem será flagelado "até o osso" e depois largado como louco (*Guerra dos judeus*, VI, § 300-309). Com Jesus, o caso irá mais longe.

Sem dúvida, tal acusação atingindo o Templo, e portanto a Lei, não é a única a ser levada em conta. A designação messiânica também desempenhou seu papel, se captarmos precisamente o que estava em jogo e quais as nuances nessa questão, e isso em dois aspectos. Primeiro, se alguns judeus (e não todos eles) aguardavam um messias, filho de Davi, certamente não seria para matá-lo ou mandar matá-lo! Antes ele teria de dar provas disso, ou seria ignorado. Mais tarde, cerca do ano 135 de nossa era, um judeu se apresenta como o "Filho da Estrela" (segundo *Números* 24, 17) e diz ser messias. E até será reconhecido por um rabino famoso da época, o rabi Aquiba, e depois tomará a frente da insurreição contra os romanos. Será condenado à morte por eles, e não pelos judeus devido à sua pretensa messianidade. Segundo, não importa muito saber se Jesus é ou não é diretamente designado como o messias, filho de Davi. Pode-se duvidar historicamente dessa hipótese. Tudo depende do sentido exato conferido ao título. Todavia, no contexto exacerbado dos "profetas messianizados" tratados no capítulo anterior, cabe reconhecer que seus seguidores e a multidão facilmente poderiam tê-lo designado como tal, e que o próprio Pilatos tomará isso como o núcleo de sua condenação. Pois a acusação, escrita numa placa de madeira e brandida perante o condenado até o Gólgota, dizia em três línguas: "Jesus, o Nazareno, rei dos judeus" (Jo 19, 19 s). Do ponto de vista romano, portanto, a acusação messiânica (como rei) continua a ocupar o centro do debate. Jesus seria um agitador como os profetas acima mencionados, e não como um Barrabás e os dois ladrões condenados com ele (Mc 15, 6.27). As acusações levantadas contra Jesus, porém, não anulam uma acusação ainda mais fundamental, que percorre todo o evangelho, e não apenas o relato da Paixão. Ela se resume na acusação de blasfêmia, levantada pelo sumo sacerdote, mesmo que a palavra pudesse ter um sentido muito amplo na época. Pois não só a Lei parece ameaçada, mas o surpreendente vínculo que Jesus instaurava com Aquele que designava como seu Pai não podia ser ignorado: "És o Cristo, o Filho do Abençoado?", pergunta Caifás (Mc 14, 61). O que está em causa, finalmente, é a identidade de Jesus, e não apenas sua ação. Mesmo que não tivesse se realizado um processo judeu, mesmo que a pergunta acima tivesse sido feita em outros contextos, ela resume exemplarmente a imensa interrogação dos contemporâneos acerca de Jesus. Quem, então, ele pretende ser?

3. **A condenação** – Desde o ano 6 de nossa era, o prefeito romano tinha seu quartel-general em Cesa-

reia. Em Jerusalém, ele residia no antigo palácio de Herodes, o Grande, dito a Pretoria, que dominava a cidade a oeste, e que em aramaico se chamava Gabbhatha, a elevação. Na frente do palácio havia uma área pavimentada de pedra, o *lithostrotos* (Jo 19, 13), e de madrugada, segundo o costume romano, o prefeito ministrava justiça perante todos, sentado num estrado (Mc 15, 16). O relato do comparecimento de Jesus diante de Pilatos é bastante curto em Marcos (15, 2-15). A acusação surge de maneira abrupta: "Tu és o rei dos judeus?", seguida por uma recusa em responder diretamente: "És tu que o dizes!", e pelo silêncio de Jesus. Não se pronuncia nenhuma sentença, e Pilatos praticamente deixa que a multidão decida o debate. Como se vê, é uma acusação pesada, reunida nas palavras "o rei dos judeus", empregadas sobretudo pelos romanos com uma nuance visivelmente irônica. Jesus seria um agitador, ameaçando o poder de César. O caso é grave, portanto, em vista dos precedentes. Lembremos algumas dessas pretensões reais, além da ação dos supostos profetas que mencionamos acima. Flávio Josefo relata que, após a morte de Herodes, o Grande, "toda a Judeia estava tomada pelo banditismo. Qualquer um podia se proclamar rei à frente de um bando de rebeldes, causando danos apenas insignificantes aos romanos, mas provocando as piores carnificinas em sua própria terra" (*Antiguidades judaicas*, XVII, § 285). Muitos foram executados, como Judas, filho de Ezequiel, e o colossal Simão, um escravo de Herodes que cinge a coroa real antes de incendiar Jericó (§ 273-277). Da mesma forma, Athronges, um antigo pastor, "cingiu o diadema, mas, mesmo depois disso, continuou ainda por um bom tempo a devastar a região com seus irmãos. O principal objetivo deles era matar romanos e o pessoal do rei" (§ 278-284). Mais tarde, no ano 66 de nossa era, no começo da insurreição judaica, Menahem, um filho de Judas o Galileu, tinha "subido [ao Templo] para adorar, vestido com trajes reais e trazendo um séquito de seguidores armados" (*Guerra dos judeus*, II, § 434 s).

O caso de Jesus, portanto, não era de pequena monta, e, ao mesmo tempo, os relatos evangélicos dão a entender que nem Pilatos acreditava na acusação. O ponto é reforçado em Mateus, segundo o qual o prefeito quis lavar as mãos a respeito (Mt 27, 24-25). No campo do direito romano, tal atitude seria inaceitável, mas não esqueçamos que, nesse gênero de processo *extra ordinem*, envolvendo estrangeiros residentes (do ponto de vista dos romanos!), nenhuma regra jurídica é obrigatória. O principal é se livrar do caso. É o que Pilatos tenta fazer enviando Jesus a Herodes Antipas, o tetrarca da Galileia (Lc 23, 6-12). Mas este era um diplomata hábil demais para se deixar envolver no jogo. E o mandou de volta para Pilatos. Ou, ainda, Pilatos teria tentado trocar Jesus por um desordeiro de nome Jesus Barrabás (Mt 27, 16-17; o nome Jesus era corrente na época). No entanto, não se tinha o costume de soltar um condenado para marcar uma data festiva. Isso, evidentemente, não impede que haja eventuais libertações, dependendo do humor do príncipe. O ponto culminante desse curioso episódio, porém, parece bastante polêmico: a multidão prefere um assassino em vez do artífice da vida. Nem por isso a responsabilidade de Pilatos diminui, ela até se agrava de certa maneira.

A condenação à cruz é romana, não judaica. Entre os judeus, pelo menos na época em que ainda tinham "o direito de gládio", os malfeitores eram lapidados e, depois de mortos, suspensos numa forca. Os essênios eram ainda mais cruéis: após a lapidação, o homem ainda vivo era preso à trave. Mas conhecem-se alguns exemplos de crucificação à romana, praticados por judeus. Assim, por volta de 88 a.C., o rei Alexandre Janeu mandou crucificar oitocentos judeus no centro de Jerusalém. Esse modo de execução, porém, é essencialmente romano, e no caso sob a responsabilidade de Pilatos. A crucificação era corrente na época, sobretudo em casos de crise. Durante o cerco de Jerusalém, Tito manda crucificar cerca de quinhentos judeus por dia. Como escreve Josefo: "Os soldados, em sua cólera e por ódio, ridicularizavam os prisioneiros pregando cada um deles em posição diferente (*Guerra dos judeus*, V, § 451). Acrescentemos um último detalhe, registrado por tradições posteriores: Pilatos foi exilado em Vienne, na Gália, e Herodes Antipas, em São Bernardo de Comminges (*Lugdunum Convenarum*). Mas por outras razões, não pelo caso de Jesus.

4. **A execução** – Como de costume, o suplício começa com uma flagelação, pois a intenção é inspirar medo público e enfraquecer ou mesmo anular qualquer resistência do indivíduo antes de arrastá-lo ao local de execução. O castigo é público (Mc 15, 16). Os soldados auxiliares, sírios ou samaritanos, estacionados na fortaleza Antonia, podiam se divertir à vontade. Pois o condenado deve se tornar objeto de ridículo. Assim, vestem Jesus como rei, com um manto vermelho (a cor dos soberanos ou dos mantos militares), a coroa de espinhos trançados e um caniço como cetro. Depois, os soldados se divertem rendendo-lhe homenagem. A cena parece um pouco forçada, mas de fato corresponde aos

costumes da época. Fílon de Alexandria narra a história de um pobre infeliz que a multidão, no verão do ano 38 de nossa era, queria homenagear como rei, para escarnecer ainda mais: "...Eles o colocam... bem à vista de todos. Aplainam uma folha de papiro e a colocam em sua cabeça como um diadema. Cobrem-lhe o resto do corpo com um pano à guisa de clâmide, e para cetro um deles lhe dá um pedaço de haste de papiro local que tinha visto, jogado, na estrada... Quando acabaram de arrumá-lo, como nas farsas do teatro, com as insígnias de realeza e ele ficou enfeitado como rei, alguns rapazes, fazendo-se de lanceiros, bastão no ombro, alinharam-se dos dois lados como corpo da guarda. Em seguida, avançaram outros para saudá-lo, para pedir-lhe justiça, para fazer-lhe solicitações de interesse público" (*In Flacum*, § 37-39; trad. A. Pelletier). Ademais, a festa das saturnais também apresenta algumas semelhanças com esse gênero de paródia (Dião Crisóstomo, IV, § 67 e Tácito, *Anais*, XIII, 15). Em seguida, os soldados levam o condenado ao local de execução, e com ele outros dois "bandidos", sejam simples ladrões ou sediciosos politicamente perigosos – a palavra tem os dois sentidos na época. A execução, portanto, será coletiva (Mc 15, 27.32). O condenado deve levar sua cruz ou, mais precisamente, o *patibulum*, isto é, uma viga de madeira que depois é içada na trave fincada na terra. Plauto narra uma cena desse gênero nos seguintes termos: "Que ele leve seu patíbulo pela cidade, depois seja pregado à cruz" (*Carbonaria* 48), ou ainda "Eles te conduzirão pelas ruas, o patíbulo na nuca, aguilhoando-te" (*Mostellaria* 56-57). Seguia-se pelas ruas mais frequentadas da cidade para servir de exemplo, como o condenado citado por Josefo: "[César o] reenviou acorrentado a Jerusalém, com ordem de entregá-lo aos ultrajes dos judeus e, depois de arrastado pela cidade, de decapitá-lo" (*Guerra dos judeus*, II, § 246). Da Pretoria, que ficava perto da atual porta de Jafa, sai uma rua que desce até o vale do Tiropeão, antes de chegar a uma larga rua com arcadas (pelo menos, desde a época bizantina) e a uma das duas portas do lado norte. Certamente trata-se da porta de Efraim, a cerca de quatrocentos metros da Pretoria, perto do Gólgota. Ao longo do percurso, uma inscrição numa placa de madeira pendurada no pescoço do condenado ou levada diante dele indicava a todos o motivo da condenação, no caso: "Jesus, o Nazareno, rei dos judeus" (Jo 19, 19-22). A inscrição, à sua maneira, ofendia a multidão judaica. No trajeto, Jesus encontra algumas mulheres que se lamentam batendo no peito, pelo menos segundo Lucas (23, 27-31). Geralmente o condenado não pode parar no caminho. Um costume judeu, na verdade, permitia que uma irmandade de mulheres piedosas oferecesse uma bebida narcótica, que podia anestesiar um pouco os sofrimentos do condenado. Os três evangelhos sinópticos acrescentam que requisitou-se a um passante que carregasse a cruz (Mc 15, 21). Essa requisição tem precedentes, devido ao esgotamento do condenado. Trata-se de Simão de Cirena (na Líbia), que voltava dos campos. A tradição nomeia seus dois filhos, Alexandre e Rufus, sendo, portanto, uma família judaico-helênica de Jerusalém. Uma tumba descoberta em 1941, no sudeste do vale de Cedrom, traz as palavras num ossuário: "Alexandre filho de Simão" com um acréscimo: *QRNYT* (cirenaico?). Mais tarde, no século II de nossa era, um gnóstico chamado Basilida afirmou que Simão teria sido crucificado em lugar de Jesus (segundo Santo

Irineu, *Adversus Haereses* I, 24, 4). O Corão (4, 157) retoma o tema, pois uma morte tão ignominiosa não conviria, segundo eles, a um profeta de Deus.

Os evangelistas citam como local de execução o Gólgota, que vem de uma palavra aramaica designando um crânio (em latim *calvarius*, e daí a palavra calvário). No interior do Santo Sepulcro ainda existe um rochedo com 4,92 metros de altura, em forma de crânio com uma espécie de nuca atrás, descoberto após recentes escavações da basílica (lado armênio). Sem dúvida, o local sofreu inúmeras transformações desde a época romana, com a construção da *Aelia Capitolina* por ordens do imperador Adriano no ano 135 de nossa era. Por muito tempo julgou-se que não havia restado nada desse local. No século IV, foi necessário proceder a enormes obras de desaterro para encontrar esse estranho rochedo que deu seu nome ao local, entre as plantações e os túmulos em redor. Ele fica além dos muros, segundo o costume judeu e romano de executar e enterrar fora da cidade. Plauto zomba a esse respeito: "Aí estás, penso eu, na posição em que logo morrerás à porta da cidade, os braços em cruz na trave" (*Miles gloriosus*, 358-359). Entre os romanos, os corpos deviam ficar em decomposição no próprio local, à diferença do costume judeu. Será necessária a intervenção de José de Arimateia para obter a permissão de Pilatos para enterrar Jesus (Mc 15, 43 s).

Segundo Cícero, a crucificação é "o mais cruel e o mais horrível dos suplícios" (*In Verrem*, II, 5, 168 s). É o modo habitual de execução de um escravo (Tácito, *Histórias*, IV, 11), mais tarde abolido por Constantino. De início despe-se o crucificado de suas roupas, e ele fica inteiramente nu, apesar da reticência judaica a esse respeito. Pregam-se as mãos do homem na travessa de madeira, depois ergue-se o conjunto sobre a trave fincada na terra, e então pregam-se os dois pés sobrepostos. Será assim com Jesus, que depois mostrará suas mãos e seus pés (Lc 24, 39-40; Jo 20, 25-27). Com a descoberta, em 1968, dos ossos de um crucificado de nome Yehohanan, em Giv'at ha-Mitvar, Jerusalém, foi possível reconstituir com precisão a forma de execução: os pés são pregados, mas com um único cravo no calcâneo. Além disso, os cravos atravessavam os antebraços, e não as mãos, que se rasgariam sob o peso do infeliz. Ademais, colocava-se um gancho de madeira no meio da trave para sustentar o corpo e impedir que cedesse. Pois o suplício devia durar. Não havia suporte para os pés; no começo do século III, apenas um célebre desenho do Palatino mostra Jesus, o crucificado com cabeça de asno, com um suporte sob os pés – o asno designava os judeus, para os pagãos daquela época.

Com a ajuda de uma vara com uma esponja na ponta, os soldados quiseram lhe dar de beber duas vezes (Mc 15, 23.36), primeiro "um vinho misturado com mirra", de efeito estupefaciente (Dioscórido, *Matière médicale*, I, 64, 3), e depois a bebida avinagrada dos soldados, chamada *posca*. Jesus recusa. As roupas do condenado são repartidas de acordo com o costume romano, em quatro partes, especifica João (19, 23-24), o que indica o número dos soldados em operação. Por fim, os evangelistas recolhem, cada qual à sua maneira, as últimas palavras de Jesus. A mais surpreendente é uma frase tirada do Salmo 22, 2 e citada em aramaico: *Ela(h)i lema shebaqtani*, isto é: "Meu Deus, por que me abandonaste?" (Mc 15, 34). É um grito de desespero que se expressa nas palavras do salmo bíblico – o que o transforma no imenso apelo de uma fé que se choca com o mistério do desígnio de Deus. Os crucificados morriam por asfixia, na impossibilidade crescente de respirar. Isso podia levar horas, e até dias, pelo menos quando o crucificado estava amarrado com cordas à cruz. Os dois ladrões que cercam Jesus são pregados como ele, e não simplesmente amarrados. Para apressar a morte, às vezes os soldados quebravam as pernas do condenado, que vergava e se asfixiava ainda mais. Plauto menciona essa prática, chamada de *crurifragium* (*Poenulus* 886). Por fim, assegurava-se a morte com um golpe de lança. Os romanos geralmente deixavam os cadáveres sem sepultura e sob guarda, expondo os corpos aos abutres (Suetônio, *Augusto* 13). A família do condenado não podia se aproximar; foi necessária a providência de um membro do Sinédrio e a autorização de Pilatos para enterrá-lo. No contexto da festa judaica que ia começar, era difícil deixar corpos na cruz, tão perto dos muros da cidade. Flávio Josefo relata um caso análogo e especifica que "os que foram crucificados por decisão judicial, eles os descem e sepultam antes do pôr do sol" (*Guerra dos judeus*, IV, § 317). O sepultamento é rápido, num dos túmulos próximos ao local de execução, sem as exéquias habituais. Os crucificados não eram atirados a uma vala comum e anônima, como alguns acreditavam antigamente. O crucificado descoberto no ossuário de Giva'at ha-Mivtar conserva sua identidade de família. Uma pedra rolante, geralmente pesada, fechava a entrada do túmulo.

Capítulo VII
A manhã de Páscoa

Jesus ressuscitou? Ou, retomando a antiga linguagem judaico-cristã, Deus o "repôs de pé" ou o "despertou"? (Rom 10, 9; Atos 2, 24.32; 3, 26). Evidentemente, o historiador no campo de sua especialidade não pode afirmar nem infirmar o fato. Uma resposta positiva formulada na fé ou sua negação radical não derivam da ciência histórica, e isso apenas se o fiel acrescentar que tal acontecimento pertence de alguma maneira ao campo da história humana. Mas isso não afeta o papel específico do historiador, quando ele detecta os inúmeros ecos dessa fé na Ressurreição desde o início do cristianismo. A situação, então, é curiosa. Assim como o relato da Paixão se condensa na relativa unidade das quatro narrativas evangélicas, em igual medida a proclamação cristã da Ressurreição se dissemina quase anarquicamente em inúmeros testemunhos que seguem nas mais variadas direções. Com apenas alguns elementos convergentes, e de fato da maior importância, os relatos de ressurreição se multiplicam, diferem entre si e se entrechocam mutuamente sem que seja possível estabelecer a sequência entre eles. A primeira proclamação da Ressurreição explode de múltiplas maneiras, com diferentes palavras, numa constelação de relatos que dificilmente se harmonizam entre si. Em primeiro lugar, diante de tal diversidade, pode parecer delicado extrair qualquer conclusão, tão distantes estamos de qualquer desenrolar unificado dos acontecimentos da manhã de Páscoa, cronologicamente dispostos. E ao mesmo tempo, também do ponto de vista histórico, é mais importante ter um eco caleidoscópico das primeiras experiências pascais do que depender apenas de uma única fonte literária, continuamente repetida. O que inicialmente impressiona o historiador é esse tumulto da palavra, gerado por aquilo que os fiéis designam como a ressurreição de seu senhor. Pois os grandes momentos da história se manifestam amiúde na proliferação do discurso: é o que ocorre nos séculos VII e VI a.C., com os profetas de Israel, e no século I, durante aquele dilaceramento interno do judaísmo que levará ao nascimento do cristianismo. As revoluções eclodem na palavra.

Dito isso, os evangelistas evitaram narrar o acontecimento da Ressurreição em si, digamos, a saída do túmulo. É verdade que o autor apócrifo do *Evangelho de Pedro*, redigido no século II, tentou fazer essa descrição, mas não, de forma alguma, as primeiras testemunhas da fé nem os evangelistas. Mesmo Mateus o evita, embora assinale a presença fulgurante do anjo do Senhor (Mt 28, 2 s). A convicção evangélica é clara: pode-se ver e reconhecer a fé em Jesus sempre vivo, mas jamais apreendê-lo e descrevê-lo inteiramente. Um pouco como os discípulos de Emaús no dia da Páscoa, diante dos quais Jesus desaparece tão logo o reconhecem (Lc 24, 31). Este é o papel do exegeta nas circunstâncias. Ele se dedica a recolher o eco multiforme dessas primeiras confissões de fé, sem chegar a supostas demonstrações que provariam a autenticidade histórica do fato ressurrecional captado na aurora do dia pascal. O acontecimento só pode ser designado segundo suas testemunhas, e não fotografado nem comprovado.

O que não impede que os primeiros testemunhos convirjam para a mesma experiência fundamental, usando palavras às vezes divergentes entre si: segundo a convicção cristã, Jesus está sempre vivo, presente e ainda esperado. Não apenas vivo na lembrança daqueles que o amavam, mas vivo de uma nova vida por um gesto de Deus. Aqui, mais uma vez, trata-se de uma asserção de fé, mas o historiador nada poderá compreender dos textos cristãos do século I se esquecer essa convicção, que constitui o fundamento das primeiras formulações cristãs. Como, então, os primeiros fiéis falavam da Ressurreição?

I. Uma linguagem de ressurreição

Acabamos de empregar a palavra ressurreição. Cumpre especificar seu sentido e apresentar a extensão de seu uso. No mundo judaico, a palavra designa em primeiro lugar a ressurreição geral dos mortos após o cataclismo no final dos tempos. Mas nem todos os judeus da época aceitam essa doutrina desenvolvida sobretudo a partir do século II a.C. (*Daniel* 12, 2 s e *2 Macabeus* 7, 9). Mais tarde, ela é reconhecida pelos fariseus e pelos essênios, mas não pelos sacerdotes e notáveis saduceus. Jesus e seus seguidores a retomam (Mc 12, 26; Atos 4, 1 s). Depois, Paulo o fariseu (Fil 3, 5) e os evangelistas a seguir aplicam o tema ao caso específico de Jesus. Com dois detalhes. Primeiro, não se trata mais de um simples retorno à vida, uma reanimação como a de Lázaro no relato de João (Jo 11). Pois a palavra ganha uma conotação mais forte, a de uma eminente participação na vida mesma de Deus num ser agora irradiado pelo Espírito (1 Cor 15, 42-45). Isso não impede que o Ressuscitado se manifeste concretamente aos que acreditam nele, como as primeiras testemunhas e Paulo (Rom 15, 3-9). A seguir, também segundo a convicção farisaica e essênia, a ressurreição dos mortos devia ocorrer apenas *depois* do fim do mundo, quando Deus retribuirá a cada um por suas ações. Ora, no primeiro meio cristão, assiste-se a uma espécie de turbulência dos tempos em que a ressurreição de Jesus ocorre, por assim dizer, antes do prazo. O tempo do fim já começou. Por isso Jesus é designado como o messias que já chegou e como aquele que se continua sempre a aguardar em sua "parusia", isto é, em sua gloriosa "visita" no final da história. Assim a vida cristã se inscreve entre o "já ali" de um messias crucificado, agora ressuscitado, e o "ainda não" de sua vinda final. A salvação ainda está em andamento, e Paulo, em dez ocorrências de suas epístolas autênticas, utiliza o verbo "salvar" apenas no futuro, mesmo que os fiéis já estejam "justificados" em Cristo (Rom 5, 9 ss). O futuro da salvação continua em aberto. As primeiras formulações judaico-cristãs insistiam sobre esse tema de esperança. O sintagma aramaico *Marana Tha*, aliás, era usado como encerramento das primeiras assembleias no centro da refeição comunitária, com o sentido de "Nosso Mestre [ou Senhor], vem!", como está dito em 1 Cor 16, 22, retomado em grego pelo Apocalipse: "Vem, Senhor Jesus!" (22, 20).

1. **Não vi Jesus?** – Voltemos ao tema da Ressurreição. Paulo se inclui entre tais testemunhas e insiste sobre este ponto, contra certos judeo-cristãos que recusavam sua autoridade apostólica: "Não sou apóstolo? Não vi Jesus, Nosso Senhor?" (1 Cor 9, 1). Nessa mesma epístola, datando do ano 54 aproximadamente,

ele lembra a tradição recebida dos primeiros fiéis nos seguintes termos: "Eu vos transmiti em primeiro lugar aquilo que eu mesmo recebi – Cristo morreu por nossos pecados, segundo as Escrituras. Foi sepultado, ressuscitou no terceiro dia, segundo as Escrituras. Ele apareceu a Képhas [Pedro], depois aos Doze. Em seguida ele apareceu a mais de quinhentos irmãos; a maioria ainda está viva, e alguns morreram. Em seguida ele apareceu a Tiago, e depois a todos os apóstolos. Em último lugar, ele apareceu a mim [Paulo], o filho póstumo" (1 Cor 15, 3-8). Destaquem-se aqui as duas listas conjuntas: de um lado, as testemunhas que seguiam Jesus antes de sua morte, como Pedro e o grupo dos Doze, e de outro lado as testemunhas que se reuniram a ele apenas após a Ressurreição, como Tiago, o irmão de Jesus, que se tornou o dirigente dos judeo-cristãos de Jerusalém (Gal 2, 9; Atos 15, 13 ss). Tiago está acompanhado pelos apóstolos, aqui diferenciados do grupo dos Doze. Note-se a insistência sobre o encontro com o Ressuscitado, aquele que "apareceu" aos seus, no sentido de: "Deus o fez aparecer". É Deus, em primeiro lugar, que designa o Ressuscitado aos seus – por intermédio de seu anjo, segundo Mc 16, 6. Observe-se o caráter concreto desse encontro, sem que se especifiquem as modalidades de tal experiência. Como nos relatos evangélicos narrando as aparições de Jesus aos seus (Mt 28, 16-20; Lc 24, 36-49; Jo 20, 11 a 21, 25), apenas os fiéis podem ver e conhecer seu Senhor. Os discípulos de Emaús inicialmente o encontraram no caminho, mas sem o reconhecer em sua nova realidade (Lc 24, 13-35). Isso significa que essas experiências do Ressuscitado entram e, ao mesmo tempo, não entram no campo da história humana. Elas o ultrapassam. Os outros relatos de aparição a Pedro, aos Doze e a outros mais são do mesmo tipo, de modo que o historiador registra esses testemunhos sem jamais poder ter sua fotografia. Para o fiel, pelo menos, a fé na Ressurreição toca a história de Jesus e também a sua própria história. Nem por isso ele conclui que a investigação histórica chegaria a provar sua fé.

2. **O crucificado ressuscitado** – Além do vocabulário de ressurreição, outras linguagens judaico-cristãs pretenderam traduzir o inefável da experiência pascal. Alguns proclamam Jesus sempre "vivo" (Lc 24, 5.23; Jo 1, 4), e outros dizem que ele "subiu aos céus", como a ascensão celeste de profetas como Enoque (*Gênese* 5, 18-24), Elias (*2 Reis* 2, 11) e Esdras (*IV Esdras* 14, s). Ou ainda ele foi "elevado pela direita de Deus", isto é, pela força divina (Atos 2, 33; 5, 31); foi "alçado", como canta o antigo hino que se lê em Fil 2, 6-11. Está "de pé" (Atos 7, 55-56) ou "sentado à direita de Deus", isto é, em igualdade com Ele (Col 3, 1; Heb 1, 3). A seguir, Lucas coordenará parcialmente essas diferentes linguagens na sequência visual dos relatos de Páscoa e da Ascensão.

Mas até que ponto essas diversas expressões exaltando a figura de Jesus não ficavam num impasse diante da realidade de sua morte na cruz? De fato, como anunciar a Boa Nova começando por dizer que ele foi crucificado como um escravo? Ora, sobretudo Paulo e os seus aceitam o desafio. O apóstolo insiste muito no vocabulário da ressurreição (dos mortos) que, aplicado a Jesus, evoca diretamente essa morte escandalosa. Pois, a seus olhos, há uma grande diferença entre Jesus e os outros senhores e divindades do mundo helenístico: o Senhor dos cristãos é um crucificado – "Entre vós eu não quis saber outra coisa a não ser Jesus Cristo, e [Jesus] crucificado" (1 Cor 2, 2). Não se inventa um crucificado! Aliás, era esta a principal objeção com que se deparavam os primeiros fiéis: como um crucificado podia ser dito messias e senhor? Pois Deus não disse: "Maldito quem é suspenso na trave" (*Deuteronômio* 21, 23)? Como dizer o contrário do que afirmavam as Escrituras? A cruz não é "escândalo para os judeus e loucura para os pagãos" (1 Cor 1, 23)? Cabe a Paulo se debater em Gal 3, 13, para transformar essa maldição divina em bênção salvífica. De certa maneira, no mundo daquela época, o difícil não era tanto a afirmação da divindade de Jesus – deuses não faltavam, e um a mais seria bem-vindo! –, e sim a escandalosa asserção que consistia em designar um crucificado. Neste e em outros pontos, Paulo e a primeira geração cristã, logo após Jesus, tiveram de operar uma singular inversão de valores. O que há de mais fraco e desprezível prevalece sobre as glórias deste mundo. Essa inversão dos valores está na base do pensamento e da prática cristãos. Em outros termos, é o acontecimento histórico da cruz que dá uma nova flexão aos antigos discursos de transcendência. Isso não impede que os fiéis entoem cantos ao crucificado ressuscitado. Por volta de 111-113, Plínio, o Jovem, comenta que os cristãos "cantam um hino ao Cristo como a um deus" (Ep 10, § 96). Esse Cristo não deixa de ser um homem, e mesmo um crucificado, que o historiador pode designar com maior ou menor precisão, sob o risco de ser interpelado, por sua vez, pelas palavras do Nazareno: "E vós, quem dizeis que eu sou?" (Mc 8, 29).

NOTA DO AUTOR

A tradução dos textos apócrifos que serviu de base para a presente edição é a que está em A. Dupont-Sommer e M. Philonenko, *La Bible. Écrits intertestamentaires*, Paris, Gallimard, 1987; esta tradução inclui textos de Qumrân (indicados pela sigla *Q*; por exemplo: *1QS* VIII, 4: primeira gruta de Qumrân, *Regra da Comunidade*, coluna VIII, linha 4).

Os apócrifos cristãos são citados segundo F. Bovon, P. Geoltrain, J.-D. Kaestli, *Écrits apocryphes chrétiens*, I-II, Paris, Gallimard, 1997 e 2005.

Os escritos de Fílon de Alexandria são citados segundo R. Arnaldez, J. Pouilloux e C. Mondésert (orgs.), *Les oeuvres de Philon d'Alexandrie*, Paris, Le Cerf, 1957 s.

Os livros de Flávio Josefo (*A guerra dos judeus contra os romanos* e *As antiguidades judaicas*)* seguem a numeração da edição *The Loeb Classical Library*, Londres, 1961 s.

Os antigos textos latinos e gregos seguem em geral os títulos e divisões aceitas em *La Pléiade*.

Os títulos e divisões dos antigos textos rabínicos seguem os tratados da *Mishná* (fim do século II), da *Toseftá*, do *Talmude de Jerusalém* (fim do século IV) e do *Talmude da Babilônia* (fim do século V).

---

* Em português encontra-se a obra completa de Flávio Josefo na tradução de Padre Vicente Pedroso: JOSEFO, Flávio. *História dos hebreus*. São Paulo: CPAD, 2008. (N.T.)

Referências

Introdução ao Novo Testamento
Brown, R. E. *Que sait-on du Nouveau Testament?*, trad. fr. Paris: Bayard, 2000.
Marguerat, D. *Introduction au Nouveau Testament*. Genebra: Labor et Fides, 2001.
Carpentier, E., Burnet, R. *Pour lire le Noveau Testament*. Paris: Le Cerf, 2006.

O judaísmo antigo
Cousin, H., Lémonon, J.-P., Massonnet, J. (orgs.). *Le monde où vivait Jésus*. Paris: Le Cerf, 1998.

As figuras de Jesus no decorrer do tempo
Trinque, J. "Les vies de Jésus", in *L'Encyclopédie catholicisme*, t. VI, col. 793-800. Paris: Letouzey & Ané, 1967.
Plongeron, B. *Théologie et politique au siècle des Lumières, 1770-1820*. Genebra, 1973.
Menozzi, D. *Les interprétations politiques de Jésus de l'Ancien Régime à la Révolution*. Paris: Le Cerf, 1983.

Estudos literários e históricos
Marguerat, D., Norelli, E., Poffet, J.-M. (orgs.). *Jésus de Nazareth. Nouvelles approches d'une énigme?* Genebra: Labor et Fides, 1998.
Schlosser, J. *Jésus de Nazareth*. Paris: Noésis, 1999.
Marchadour, A. et al. *Que sait-on de Jésus de Nazareth?* Paris: Bayard, 2001.
Gibert, P., Theobald, C. *Le cas Jésus-Christ*. Paris: Bayard, 2002.
Meier, J.-P. *A Marginal Jew*. Nova York: 1991 (trad. fr. *Un certain juif Jésus*, I-IV. Paris: Le Cerf, 2004-2006).

Capítulo I: Fontes e métodos
Perrot, C. *Jésus et l'Histoire*. 2ª. ed. Paris: Desclée, 1993, p. 19-70.
Laplanche, F. *La crise de l'origine. La science catholique des Évangiles et l'histoire au XXe. Siècle*. Paris: Albin Michel, 2006.

Capítulo II: Os inícios

Perrot, C. *Les récits de l'enfance de Jésus*, in *Cahiers Évangile*, 18. Paris: Le Cerf, 1976.

Légasse, S. *Naissance du baptême*. Paris: Le Cerf, 1993.

Capítulo III: Uma nova palavra

Schlosser, J. *Le Dieu de Jésus*. Paris: Le Cerf, 1987.

Vouga, F. *Jésus et la Loi selon la tradition synoptique*. Genebra: 1988.

Capítulo IV: Gestos libertadores

Léon-dufour, X. (org.). *Les miracles de Jésus*. Paris: Le Seuil, 1977.

Perrot, C., Souletie, J.-L. e Thévenot, X. *Les miracles tout simplement*. Paris: Les Éditions de l'Atelier, 1995.

Capítulo V: Em busca de sua identidade

Cullmann, O. *Christologie du Nouveau Testament*. Neuchâtel, 1968.

Perrot, C. *Jésus, Christ et Seigneur des premiers chrétiens*. Paris: Desclée, 1997.

Capítulo VI: A cruz

Cousin, H. *Le Prophète assassiné. Histoire des texts évangéliques de la Passion*. Paris: 1976.

Hengel, M. *La Crucifixion dans l'Antiquité et la Folie du message de la Croix*. Paris: Le Cerf, 1981.

Légasse, S. *Le procès de Jésus*, I-II. Paris: Le Cerf, 1994-1995.

Capítulo VII: A manhã de Páscoa

Deneken, M. *La foi pascale*. Paris: Le Cerf, 1997.

Coleção **L&PM** POCKET (LANÇAMENTOS MAIS RECENTES)

751. **Antologia poética** – Anna Akhmátova
752. **O melhor de Hagar 6** – Dik e Chris Browne
753. (12). **Michelangelo** – Nadine Sautel
754. **Dilbert (4)** – Scott Adams
755. **O jardim das cerejeiras** *seguido de* **Tio Vânia** – Tchékhov
756. **Geração Beat** – Claudio Willer
757. **Santos Dumont** – Alcy Cheuiche
758. **Budismo** – Claude B. Levenson
759. **Cleópatra** – Christian-Georges Schwentzel
760. **Revolução Francesa** – Frédéric Bluche, Stéphane Rials e Jean Tulard
761. **A crise de 1929** – Bernard Gazier
762. **Sigmund Freud** – Edson Sousa e Paulo Endo
763. **Império Romano** – Patrick Le Roux
764. **Cruzadas** – Cécile Morrisson
765. **O mistério do Trem Azul** – Agatha Christie
766. **Os escrúpulos de Maigret** – Simenon
767. **Maigret se diverte** – Simenon
768. **Senso comum** – Thomas Paine
769. **O parque dos dinossauros** – Michael Crichton
770. **Trilogia da paixão** – Goethe
771. **A simples arte de matar (vol.1)** – R. Chandler
772. **A simples arte de matar (vol.2)** – R. Chandler
773. **Snoopy: No mundo da lua! (8)** – Charles Schulz
774. **Os Quatro Grandes** – Agatha Christie
775. **Um brinde de cianureto** – Agatha Christie
776. **Súplicas atendidas** – Truman Capote
777. **Ainda restam aveleiras** – Simenon
778. **Maigret e o ladrão preguiçoso** – Simenon
779. **A viúva imortal** – Millôr Fernandes
780. **Cabala** – Roland Goetschel
781. **Capitalismo** – Claude Jessua
782. **Mitologia grega** – Pierre Grimal
783. **Economia: 100 palavras-chave** – Jean-Paul Betbèze
784. **Marxismo** – Henri Lefebvre
785. **Punição para a inocência** – Agatha Christie
786. **A extravagância do morto** – Agatha Christie
787. (13). **Cézanne** – Bernard Fauconnier
788. **A identidade Bourne** – Robert Ludlum
789. **Da tranquilidade da alma** – Sêneca
790. **Um artista da fome** *seguido de* **Na colônia penal e outras histórias** – Kafka
791. **Histórias de fantasmas** – Charles Dickens
792. **A louca de Maigret** – Simenon
793. **O amigo de infância de Maigret** – Simenon
794. **O revólver de Maigret** – Simenon
795. **A fuga do sr. Monde** – Simenon
796. **O Uruguai** – Basílio da Gama
797. **A mão misteriosa** – Agatha Christie
798. **Testemunha ocular do crime** – Agatha Christie
799. **Crepúsculo dos ídolos** – Friedrich Nietzsche
800. **Maigret e o negociante de vinhos** – Simenon
801. **Maigret e o mendigo** – Simenon
802. **O grande golpe** – Dashiell Hammett
803. **Humor barra pesada** – Nani
804. **Vinho** – Jean-François Gautier
805. **Egito Antigo** – Sophie Desplancques
806. (14). **Baudelaire** – Jean-Baptiste Baronian
807. **Caminho da sabedoria, caminho da paz** – Dalai Lama e Felizitas von Schönborn
808. **Senhor e servo e outras histórias** – Tolstói
809. **Os cadernos de Malte Laurids Brigge** – Rilke
810. **Dilbert (5)** – Scott Adams
811. **Big Sur** – Jack Kerouac
812. **Seguindo a correnteza** – Agatha Christie
813. **O álibi** – Sandra Brown
814. **Montanha-russa** – Martha Medeiros
815. **Coisas da vida** – Martha Medeiros
816. **A cantada infalível** *seguido de* **A mulher do centroavante** – David Coimbra
817. **Maigret e os crimes do cais** – Simenon
818. **Sinal vermelho** – Simenon
819. **Snoopy: Pausa para a soneca (9)** – Charles Schulz
820. **De pernas pro ar** – Eduardo Galeano
821. **Tragédias gregas** – Pascal Thiercy
822. **Existencialismo** – Jacques Colette
823. **Nietzsche** – Jean Granier
824. **Amar ou depender?** – Walter Riso
825. **Darmapada: A doutrina budista em versos**
826. **J'Accuse...! – a verdade em marcha** – Zola
827. **Os crimes ABC** – Agatha Christie
828. **Um gato entre os pombos** – Agatha Christie
829. **Maigret e o sumiço do sr. Charles** – Simenon
830. **Maigret e a morte do jogador** – Simenon
831. **Dicionário de teatro** – Luiz Paulo Vasconcellos
832. **Cartas extraviadas** – Martha Medeiros
833. **A longa viagem de prazer** – J. J. Morosoli
834. **Receitas fáceis** – J. A. Pinheiro Machado
835. **Mais fatos e mitos** – Dr. Fernando Lucchese
836. **Boa viagem!** – Dr. Fernando Lucchese
837. **Aline: Finalmente nua!!! (4)** – Adão Iturrusgarai
838. **Mônica tem uma novidade!** – Mauricio de Sousa
839. **Cebolinha em apuros!** – Mauricio de Sousa
840. **Sócios no crime** – Agatha Christie
841. **Bocas do tempo** – Eduardo Galeano
842. **Orgulho e preconceito** – Jane Austen
843. **Impressionismo** – Dominique Lobstein
844. **Escrita chinesa** – Viviane Alleton
845. **Paris: uma história** – Yvan Combeau
846. (15). **Van Gogh** – David Haziot
847. **Maigret e o corpo sem cabeça** – Simenon
848. **Portal do destino** – Agatha Christie
849. **O futuro de uma ilusão** – Freud
850. **O mal-estar na cultura** – Freud
851. **Maigret e o matador** – Simenon
852. **Maigret e o fantasma** – Simenon
853. **Um crime adormecido** – Agatha Christie
854. **Satori em Paris** – Jack Kerouac
855. **Medo e delírio em Las Vegas** – Hunter Thompson
856. **Um negócio fracassado e outros contos de humor** – Tchékhov
857. **Mônica está de férias!** – Mauricio de Sousa
858. **De quem é esse coelho?** – Mauricio de Sousa
859. **O burgomestre de Furnes** – Simenon
860. **O mistério Sittaford** – Agatha Christie
861. **Manhã transfigurada** – Luiz Antonio de Assis Brasil
862. **Alexandre, o Grande** – Pierre Briant
863. **Jesus** – Charles Perrot
864. **Islã** – Paul Balta
865. **Guerra da Secessão** – Farid Ameur